Martina Hinzmann

Ihr Reiseführer zu

Luther

Die 7 schönsten Wochenend-Ausflüge

Einleitung

Nur 25 Jahre vor dem Thesenanschlag von Luther entdeckte Christoph Kolumbus Amerika und öffnete damit ein verkrustetes, mittelalterliches Europa. Jahre zuvor entdeckte Gutenberg den Buchdruck.

Und Luther? Luther katapultierte die Welt endgültig vom Mittelalter in die Neuzeit! In der nichts blieb wie zuvor. Als ehemaliger Mönch, der eine entflohene Nonne heiratete, stellte er das damalige Leben auf den Kopf. Er war Grund, dass es seither keine Ablassbriefe mehr gab. Er war Grund, dass wir heute ein einheitliches, modernes Hochdeutsch sprechen. Er ist Grund genug, dass wir heute, 500 Jahre danach, seine Wege noch einmal für ein Wochenende gehen.

Ohne Umwege und ohne Zeitverlust, finden Sie in diesem Buch alle 7 bedeutenden Orte an denen Luther gewirkt, gelitten und gelebt hat. Gehen Sie durch die Gassen, die einst auch unter Luthers Füßen lagen...

Dieser Reiseführer bringt Sie hin und begleitet Sie sicher vor Ort!

Inhalt

Einleitung	2
Warum war Luther nur sein „Künstler-Name"?	4
Was bedeutet Junker Jörg wirklich?	5
Luther hatte Angst vor Gott!	6
Woher kommt die Luther-Rose?	7
Warum war Luther in Rom?	8
Sie sprechen lutherisch – jeden Tag!	10
Das Christkind kommt – von Luther!	11
Warum nannte er seine Kirche evangelisch?	12
Warum heißen seine Anhänger Protestanten?	13
Der Reichstag von Worms	14

Wochenend-Tour1: 16
Das Augsburger Bekenntnis
Der Augsburger Religionsfrieden

Wochenend-Tour 2: 19
Torgau - Residenzstadt seines Beschützers

Wochenend-Tour 3: 38
Eisleben + Mansfeld
Geburts- & Sterbestadt + Kinderjahre

Wochenend-Tour 4: 58
Erfurt + Stotternheim
Studenten-, Mönch- & Priesterjahre

Wochenend-Tour 5: 74
Wittenberg
Stadt der Reformation

Wochenend-Tour 6: 90
Eisenach + Wartburg
Jugendjahre + Fluchtburg

Wochenend-Tour 7: 98
Dresden + Meißen
Heimat des Meißner Kanzleideutsch

Impressum 104

Warum war Luther nur sein Künstler-Name?

Luther hieß nicht Luther! Es war sein provokativer Kampfname – seine Kampfansage an die Kirche! Und vielleicht war er damit auch der erste Mensch mit einem „Künstlername" – den man überdies noch heute kennt. Denn der Begriff Luther kommt aus dem Griechischen und bedeutete nichts anderes als „der Freie".

Tatsächlich war sein Nachname Luder. Kurz vor dem Thesenanschlag im Jahr 1517 wechselte er ganz bewusst seinen Namen, um ein Statement, eine Symbolik und auch den Willen zur Veränderung in der Gesellschaft in seinem Namen darzustellen. Nie hat er sich anders gefühlt, als eben als Martin Luther. Und nur einmal – für 10 Monate – diesen Namen verheimlicht.

Auch sein Vorname Martin war nicht zufällig gewählt. Wenn auch nicht so tiefgründig. Am 10. November 1483 geboren, wurde er nur einen Tag später, am Martinstag, den 11.11.1483, entsprechend von seinen Eltern getauft.

Einleitung der Reformation

Was bedeutet Junker Jörg wirklich?

Nur zehn Monate – auf der Wartburg – änderte Martin Luther seinen Namen auf Junker Jörg. Ein Zufallsname? Mitnichten!

„Junker" war seinerzeit die Bezeichnung für einen jungen Ritter.
Und der Name „Jörg" war im Mansfelder Land, aus dem er kam (im heutigen Sachsen-Anhalt, bei Magdeburg), die Abkürzung für den heiligen St. Georg, dem Schutzpatron.

Die Bezeichnung „Junker Jörg" hieß also nichts anderes als „Junger Ritter" mit dem Verweis auf den Schutzpatron, dem „Heiligen St. Georg". Luther sah sich damals als genau das auf der Wartburg, als er in Todesangst nun auch das Neue Testament in nur elf Wochen übersetzte. Als Junger Ritter (der fortan für seine Sache kämpfte) und als Schutzpatron gegenüber Gott und dessen Wort. Dessen Wort er für die einzige Basis für den Glauben sah.

Einleitung der Reformation

Luther hatte Angst vor Gott!

Als Luther ein Kind war, steckte die Welt im tiefsten Mittelalter. Die Menschen hatten Angst vor Gott. So auch Martin. Denn Gott, so hatte man ihm erzählt, ist ein strenger Richter, der alle Sünden nach dem Tod bestraft – und einen dafür im Fegefeuer leiden lässt.

Schon seine Eltern, Lehrer und Richter, hier auf Erden, hatten drakonische Strafen, die auf dem weltlichen Recht und das kanonische Recht, dem römischen Recht, zurückgingen. Wie mochte dann erst der Richter im Himmel sein? Zu jener Zeit bot die Kirche Ablassbriefe an, mit denen man sich für einen oder mehrere Tage aus dem Fegefeuer freikaufen konnte.

Luthers Entdeckungen, Jahrzehnte später, dass Gott eben kein strenger Richter ist, sondern ein liebender und verzeihender Vater, der keine Ablassbriefe braucht, brachte die Welt in Aufruhr... und das Ende der Ablassbriefe!

Einleitung der Reformation

Woher kommt die Luther-Rose?

Heute findet man die Luther-Rose, die Luther selbst gestaltete, an jenen Orten, an denen Luther gewirkt hat – und auf jeder seiner Bibeln. Sie wurde zum Bildzeichen des lutherischen Evangeliums. Seinen Ursprung, das Vorbild, aus dem die Luther-Rose hervorging, fand Luther am Löwen- und Papageien-Fenster (siehe Seite 65) der Augustinerkirche im Augustinerkloster von Erfurt. An jenen Fenstern, vor denen er zum Mönch geweiht wurde und etwa sechs Jahre lebte.

„Denn so man von Herzen glaubt, … solch Herz soll mitten in einer weißen Rose stehen, anzeigen, dass der Glaube Freude, Trost und Friede gibt … dass solche Seligkeit im Himmel ewig währt und kein Ende hat …", so Luther, als er die Luther-Rose beschrieb.

Warum war Luther in Rom?

Mit nur 27 Jahren brach Luther, als Gesandter des Augustinerklosters von Erfurt, nach Rom auf. Das Anliegen, seiner Ende 1510 angetretenen Reise, die er zu Fuß im Winter über die Alpen führte, war der Streit unter den Augustinern über die Zukunft der Observanz, der heftig geführten Diskussionen, über die Befolgung der strengen Mönchsordenregeln. Als Luther Rom zum ersten Mal erblickte, so die Überlieferung, warf er sich mit den Worten: „Sei gegrüßt, du heiliges Rom..." auf den Boden.

Der Lateranpalast ist der offizielle Sitz der Päpste, seit Konstantins I. Im 16. Jahrhundert ließ ihn Papst Sixtus V. abreißen und durch einen neuen ersetzen. Zum Laterankomplex gehören auch die Lateranbasilika, die älteste, die als Mutter und Haupt aller Kirchen Roms und auf Erden gilt, und die heilige Treppe.

Einleitung der Reformation

Warum war Luther in Rom?

Kniend und auf jeder der 28 Stufen ein Vaterunser betend, stieg Luther die Scala Santa (die Heilige Treppe) des Pontius Pilatus hoch, um seinen Großvater aus dem Fegefeuer zu erlösen. Oben angekommen, kamen dem streng gläubigen Luther Zweifel: „...als ich oben ankam, dachte ich: Wer weiß, ob es wahr ist!" Möglich, dass das für den jungen Luther die Initialzündung war.

Die heilige Treppe des römischen Stadthalters Pontius Pilatus, die Luther in jenen Tagen in Rom nahm, ging nach der Überlieferung einst Jesus vor und nach seiner Verurteilung. Sie führt in den ersten Stock zur Papst-Kapelle Sancta Sanctorum (die Allerheiligste).

Adresse Sancta Sanctorum: Rom, Piazza di Porta S. Giovanni, 10, Öffnungszeiten Papstkapelle: Montag bis Samstag: 9.30 – 12.40 Uhr und 15.00 – 17.10 Uhr. An Sonn- und Feiertagen geschlossen. Eintritt 3,50 Euro

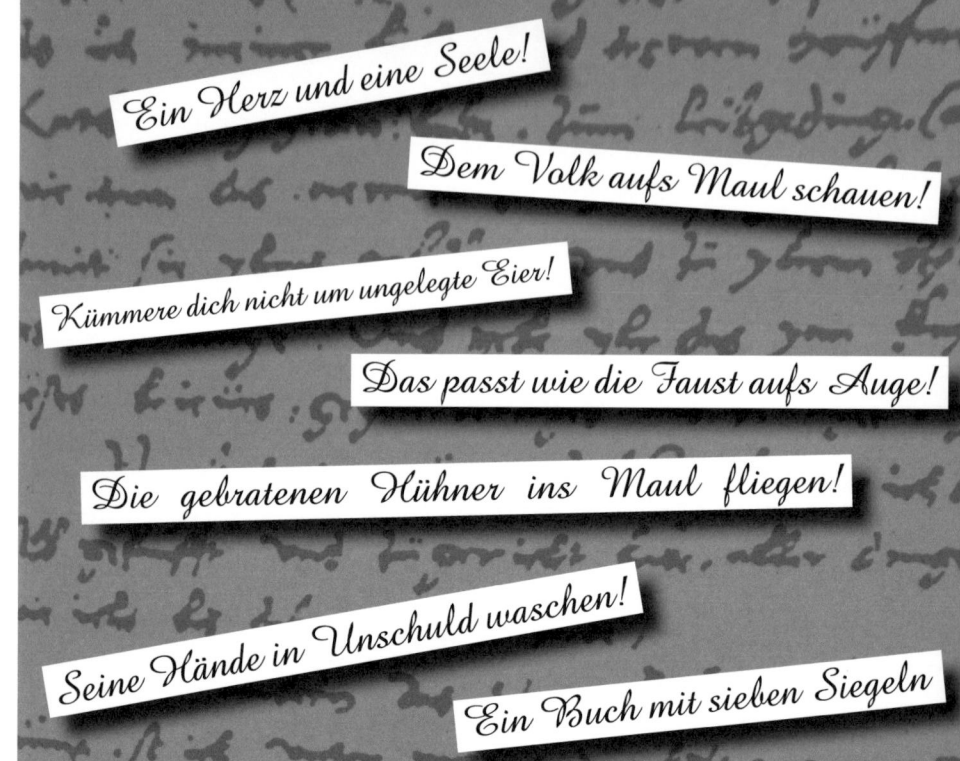

Sie sprechen lutherisch – jeden Tag!

Durch seine vielen Reisen überquerte Luther immer wieder deutsche Sprachgrenzen, deren Färbung man selbst heute noch zwischen Bayern, Thüringen und Sachsen heraushören kann. Etwa 100 Jahre dauerte es, bis sich Luthers Meißner Kanzleideutsch, dessen er sich zur Bibelübersetzung bediente, in Norddeutschland als Sprache durchsetzte und weitere 100 Jahre vergingen, bis das Meißner Kanzleideutsch auch im heutigen Bayern und Österreich zur Amtssprache wurde.

Heute kommt man gar nicht umhin lutherisch zu sprechen. Seine bildhafte Sprache ist uns längst in „Fleisch und Blut" übergegangen, mit dem er das Meißner Kanzleideutsch ergänzte und somit für die Deutschen nachvollziehbar und salonfähig machte. Oder hatten Sie nicht auch schon „Gewissensbisse" oder kam Ihnen nicht auch schon das ein oder andere wie „Ein Buch mit sieben Siegeln" vor?

Einleitung der Reformation

Das Christkind kommt – von Luther!

Wer kennt nicht die aufregende Zeit vor Weihnachten, das Warten auf das Christkind, das endlich die ersehnten Geschenke bringt. Dieser Moment gehört zu den schönsten Erinnerungen der Menschen, rückblickend auf ihr Leben. Natürlich hat niemand das Christkind je gesehen und dennoch weiß jeder ganz genau wie es aussieht - mit seinen weißen Flügeln und blondem Engelshaar. Seit jeher wird das Christkind mit dem Jesuskind gleichgesetzt.

Und wohl niemand würde darauf kommen, dass das Christkind von Luther kommt. Vor Luther brachte der Nikolaus, am 6. Dezember, die Geschenke. Da Luther die Heiligenverehrung ablehnte und damit auch die des heiligen Nikolaus, ersetzte er ihn durch das „Christkind" und das kam für Luther zu Heiligabend. Heute bekommen die Kinder vom Nikolaus am 6. Dezember und vom Christkind zu Heiligabend die Geschenke. Schöne, neue Welt...

Einleitung der Reformation

Warum nannte er seine Kirche evangelisch?

Zu Luthers Zeiten galt Griechisch als Gelehrtensprache und so wundert es nicht, dass Luther viele Worte aus dem Griechischen ableitete. Angefangen bei seinem Namen, bis hin zu seiner reformierten Kirche.

Denn das Wort Evangelium leitet sich aus dem Griechischen ab und bedeutet „gute Nachricht". Und das ist auch die Botschaft seiner reformierten Kirche, das Wort Gottes durch die Bibel, die für Luther über allem, auch über den Papst steht - und damit letztendlich zum Eklat mit der römisch-katholischen Kirche führte. Und schließlich im 30jährigen Krieg, 70 Jahre nach Luther, gipfelte.

Einleitung der Reformation

Warum heißen seine Anhänger Protestanten?

Alles begann mit einem Protest, der sich heute noch im Wort der Evangelisten wiederfindet, den „Protestanten", aus dem sich das Wort ableitete. Heute wird das Wort de facto mit dem Evangelium in Verbindung gebracht. Am Ende protestierte Luther nicht nur gegen den Ablasshandel.

Auch seine Hochzeit, nur acht Jahre nach seinem Thesenanschlag, war ein Protest, mit dem er sich gegen das Zölibat stellte, als ehemaliger Mönch und Priester, der eine ehemalige, adelige Nonne heiratete. Und damit nicht genug: In seiner reformierten, evangelischen Kirche konnte jeder, auch eine Frau, Priester werden. Luther führte damit die Gleichstellung der Frau – bewusst oder unbewusst –, aber auf jeden Fall öffentlich, vor 500 Jahre, in seiner reformierten Kirche ein...

Im Bild: Melanchthon, der größte Mitstreiter Luthers und Überbringer des Augsburger Bekenntnisses, am 20. Juni 1530 in Augsburg, das noch heute die Grundlage des Evangeliums bildet.

Der Reichstag in Worms

„Hier steh ich nun und kann nicht anders. Gott helfe mir, Amen", so wird Luther oft aus jenen Tagen, die die Welt veränderten, zitiert. Vor dem Reichstag in Worms sollte er vor dem deutschen Kaiser Karl V. widerrufen. Als Luther am 16. April 1521 in Worms eintraf, war Luthers Schicksal faktisch besiegelt.

Sein Beschützer, der ernestinische Kurfürst Friedrich der Weise, der nur zwei Jahre zuvor die angetragene Kandidatur zur Kaiserwahl ablehnte und nun auch in Worms weilte, erreichte, dass sich Luther statt in Rom, in Worms vor dem Reichstag erklärt. Der Rest ist Weltgeschichte...

Der Bischofssitz existiert heute nicht mehr. An seiner Stelle befindet sich eine schlichte Wiese im Garten des Heylshof.

Adresse: Worms, Heylshof, über Schlossplatz frei zugänglich.

Der Reichstag in Worms

„Ich kann und will nicht widerrufen, ... es sei denn, ... mit Zeugnissen der Heiligen Schrift... !", so Luther. Nur wenige Tage blieb Luther in Worms – seine Worte hallen noch 500 Jahre nach.

Auf seiner Rückreise ließ ihn Friedrich der Weise entführen und brachte ihn auf der Wartburg in Sicherheit. Am 8. Mai 1517 wurde der Wormser Edikt verhängt und Luther damit für vogelfrei erklärt. Unweit des ehemaligen Bischofssitzes, wo der Reichstag stattfand, wurde bereits 1868, das weltweit größte Lutherdenkmal errichtet, mit den Größen der Reformation, an denen man seine Vorläufer, Weggefährten und Beschützer wie Friedrich der Weise in Überlebensgröße finden kann.

Adresse Lutherdenkmal: Worms, Lutherring 27.

Das Augsburger Bekenntnis

Nur zwei Mal soll sich Luther in Augsburg aufgehalten haben. Ein Jahr nach seinem Thesenanschlag in Wittenberg, weilte er vom 7. bis 20. Oktober 1518 in Augsburg und führte im Fugger-Palast seine Gespräche mit dem römischen Kardinallegaten Cajetan, zur zentralen Frage - ob der Papst oder die Heilige Schrift die oberste Autorität in der Kirche ist.

In seinem Bericht über die Verhandlungen schrieb Luther im November 1518: „Ich stellte dagegen in Abrede, dass der Papst über der Heiligen Schrift steht".

Bereits sieben Jahre zuvor, im Frühjahr 1511, weilte Luther bei der Rückkehr von seiner Rom-Reise in Augsburg. Von diesem Besuch schilderte Luther immer wieder in späteren Tischreden.

Adresse Fuggerhaus: Augsburg, Maximilianstraße 36/38, öffentlich zugänglich.

Das Augsburger Bekenntnis

Zum Augsburger Bekenntnis im Jahr 1530 war Luther nicht erschienen, da er noch immer mit einem Bann belegt war. Er blieb auf der ernestinischen Veste Coburg seines sächsischen Kurfürsten und schickte seinen Freund Melanchthon. Der ernestinische Kurfürst Johann der Beständige, der die Reformation nach dem Tod seines Bruders Friedrich der Weise, im Jahr 1525 weiter fortführte, bat Melanchthon, Luther, Jonas und Bugenhagen, die 28 wichtigsten Artikel zusammenzufassen und in Augsburg vorzutragen – wieder vor dem deutschen Kaiser Karl V. Auch wenn er dieses ablehnte, stellt heute das Augsburger Bekenntnis die Grundlage seines Evangeliums dar.

Der Reichstag in Augsburg fand am 25. Juni 1530 in der ehemaligen Fürstbischöflichen Residenz statt. Vom ehemaligen bischöflichen Palast existiert heute nur noch der Pfalzturm. Der Fronhof gehört heute zur öffentlichen Grünanlage der Augsburger Innenstadt.

Adresse: Augsburg, Fronhof 10, öffentlich zugänglich.

Der Augsburger Religionsfrieden

Noch einmal, neun Jahre nach Luthers Tod, wird Augsburg Schauplatz des Evangeliums. Im alten, gotischen Rathaus, an dessen Stelle seit 1620 das heutige Rathaus steht, wurde am 25. September 1555 der Augsburger Religionsfrieden verkündet. Mit dem Augsburger Religionsfrieden kam es zu einer Gleichstellung des lutherisch-evangelischen Glaubens mit dem römisch-katholischen. Es galt die Formel „wessen Land, dessen Religion", was dazu führte, dass die Reichsfürsten selbst entscheiden konnten, welcher Glaube in ihrem Land gilt.

1618 brach, mit dem zweiten Prager Fenstersturz, der 30jährige Krieg aus, der 1648 damit endete, dass der 1555 vereinbarte Augsburger Religionsfrieden wieder galt.

Adresse Rathaus: Augsburg, Rathausplatz, Öffnungszeiten Goldener Saal und Fürstenzimmer: Mo-So von 10-18 Uhr, Eintritt Erwachsene 2,50 Euro, Schüler/Studenten 1 Euro.

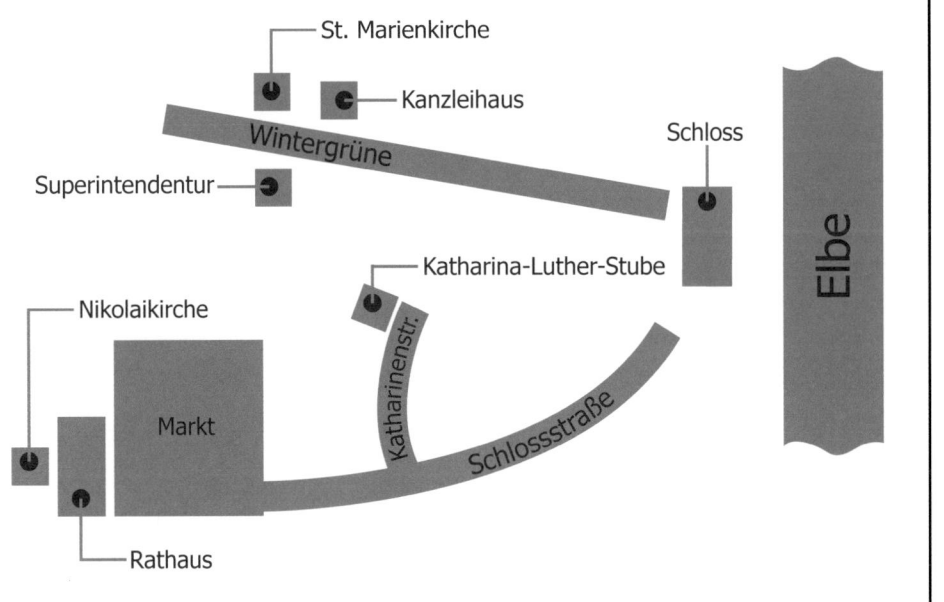

Stadtplan Torgau

Torgau liegt nur etwa 90 Kilometer elbabwärts von Dresden. So unscheinbar die kleine Renaissancestadt auch wirkt, so groß ist die Weltgeschichte, die in ihren Mauern geschrieben wurde. Es war das unumstrittene Zentrum der Reformation. Torgau wird deshalb auch als die „Amme der Reformation" bezeichnet. Ohne die hier seit 1485 residierenden ernestinischen Kurfürsten, gäbe es keine evangelische Kirche und auch unsere gemeinsame deutsche Sprache sehe heute ganz anders aus. Denn das Meißner Kanzleideutsch, dessen sich Luther bediente, hat seinen Ursprung bei den Wettinern in Sachsen.

Torgau

Nur etwa 20.000 Einwohner zählt die kleine Stadt an der Elbe, die auf halben Weg zwischen Berlin und Dresden liegt. Aufgrund seiner zentralen politischen Bedeutung während der Reformation, trägt Torgau seit 2015 den Titel „Reformationsstadt Europas".

Bereits vor über tausend Jahren war Torgau von großer Bedeutung. Durch eine Furt, einer seichten Stelle durch die Elbe, wurde sie zur Kreuzung von Handelsstraßen. Dieser Bedeutung wegen, wurde Torgau deshalb treffend als „Handelsplatz" bezeichnet, das sich einst aus dem slawischen Wort „torgowe" ableitete. Schloss Hartenfels ist heute das bedeutendste, noch erhaltene Früh-Renaissanceschloss in Deutschland. Ihre freitragende Wendeltreppe ohne Mittelsäule, gehört zu den Denkmälern der Weltarchitektur.

Torgau

Die ernestinischen Wettiner Friedrich der Weise, Johann der Beständige und Johann Friedrich der Großmütige, waren zeitlebens Unterstützer der Reformation. Der Name „Ernestiner" leitet sich aus dem Vornamen ihres Vaters Landgraf Ernst von Thüringen, Kurfürst von Sachsen, ab. Bei der Leipziger Teilung, im Jahr 1485, trennten sich die Wettiner Brüder Ernst und Albrecht in die „Ernestinischen" und die „Albertinischen" Wettiner auf.

Da Friedrich der Weise gegen den zunehmenden Einfluss des Papstes und des Machtmonopols des Kaisers war, lehnte er die ihm angetragene Kaiserkrone im Jahr 1519 ab. Diese ging an den 19jährigen Karl V., jenen Kaiser, vor dem zwei Jahre später Luther in Worms stehen sollte.

Ob es das Fegefeuer wirklich gab? Vor 500 Jahren wusste es keiner so genau! Friedrich der Weise hatte „großen Respekt" vor dem Fegefeuer und hinterließ „sicherheitshalber" einen Reliquienschatz, der sagenhafte zwei Millionen Jahre (!) Ablass erwirkte, was der Papst mit dem höchsten katholischen Laienorden versah: „Der Goldenen Tugend-Rose". Faktisch finanzierte damit Friedrich der Weise den heutigen Petersdom von Rom ganz alleine – und war doch sein größter Gegner!

Torgau

Friedrich der Weise holte Luther, 1512, persönlich als Theologie-Professor nach Wittenberg. Er beschützte ihn vor Papst, Kaiser und Reichstag. 40 Jahre führte Friedrich der Weise sein Fürstenreich, ohne Krieg. Seine Diplomatie verhalf ihn durch unruhige Zeiten, selbst als Fürsprecher der Reformation, was ihn den Namen „der Weise" einbrachte.

Als Friedrich der Weise im Jahr 1525 starb, übernahm sein Bruder „Johann der Beständige" nicht nur die Kurwürde, sondern hielt beständig Luther und der Reformation die Treue - bis zu seinem Tod im Jahr 1532. Auch sein Bruder Johann Friedrich der Großmütige, blieb der Reformation treu und unterstützte die Reformation auch mit Geld großmütig. Als protestantischer Anführer stand er an der Spitze des Schmalkaldischen Bundes, auch im Schmalkaldischen Krieg, 1547, der nur fünf Monate nach Luthers Tod ausbrach – unter Führung des Kaisers Karl V.

Torgau

Hier in Torgau, im ernestinischen Residenzschloss Hartenfels, finden Sie den ersten lutherisch-evangelischen Kirchenbau der Geschichte überhaupt. Er ist die Vorlage aller auf der Welt gebauten lutherisch-evangelischen Kirchen und Kapellen und wurde auf Anweisung Friedrich des Weisen direkt in sein Schloss gebaut. Zu jener Zeit ein gewagtes Unterfangen und klares Bekenntnis gegen Papst und Kaiser, hin zur eigenständigen lutherisch-evangelischen Kirche. Bereits 1517 wurden in der Schloss-Druckerei die Thesen Luthers vervielfältigt. Ein klarer Affront gegen den Papst.

Adresse Schlosskapelle: Torgau, Schlossstraße 29, im Residenzschloss Hartenfels, Schlosskapelle im Innenhof über die Brücke erreichbar. Öffnungszeiten: Kapelle Schloss Hartenfels, April - Oktober, Dienstag bis Sonntag zwischen 10-18 Uhr, Montag Ruhetag. Nov-März geschlossen.

Torgau

Friedrich der Weise beauftragte Luther persönlich, seine neue, reformierte Kirche nach den Vorstellungen und Erkenntnissen von Luther hier, direkt in seinem Residenzschloss zu bauen. Hierzu gehörte für Luther vor allem die Kanzel, die inmitten der Gemeinde stehen sollte, was hier gut zu erkennen ist. Denn das Wort Gottes stand für Luther im Mittelpunkt.

Da Luther die Heiligenverehrung ablehnte, gab es auch keine Heiligenabbildungen in seiner neu gestalteten Kirche. Ebenso gibt es keine Deckenbilder, mit denen sich der Blick in den Himmel öffnet.

Torgau

Der weltberühmte Maler Lucas Cranach übernahm die Farbgestaltung des Innenraums, die auf Wunsch Luthers ganz reduziert sein sollte. Nichts sollte vom Wort Gottes ablenken. Die Kirche sollte ein Begegnungsort sein, in dem man das Wort Gottes empfängt.

Da es in seiner reformierten Kirche nur noch die Taufe und das Abendmahl als Sakrament gab, aber nicht die Buße (Beichte), verbannte Luther in seiner evangelischen Kirche die Beichtstühle. Auch das ewige Licht kam bei Luther aus seiner lutherisch-evangelischen Kirche, die die Anwesenheit Christi anzeigen soll.

Torgau

Ebenso findet man am Eingang keine Weihwasserschale, keine Kniebänke im Innenraum, keine Hostie mit Tabernakel und keine Messdiener. Den Abendmahltisch als Altar zu bezeichnen, lehnte Luther ab. Vielmehr sollte das Abendmahl als Gedächtnismahl gefeiert werden, in Erinnerung an das Leben und den Tod Jesu.

Die Taufe ist eine von zwei Sakramenten, indem der Getaufte in der Mitte der Gemeinschaft aufgenommen wird. Das Taufbecken steht in der Mitte der Gemeinde oder am Altar-Tisch. Der Taufstein steht nicht am Eingang und soll daher nicht als Eintrittshandlung gesehen werden. Dahingehend wurde auch die Raumaufteilung im Kircheninneren geändert. Indem die Gemeinde im Mittelpunkt steht. Eine hierarchische Raumaufteilung wie dem Chor für geweihte Priester, dann Laienbrüder und schließlich die Gemeinde hob Luther in seiner reformierten Kirche auf.

Torgau

Für Luther reichte es, getauft zu sein, um als Pfarrer das Wort Gottes an andere weiterzugeben. Auf seiner von ihm „erfundenen" Kanzel, um das Wort Gottes zu verkünden…

Die Orgel wurde auffällig über den Abendmahltisch, an die Stirnseite gestellt. Johann Walter, Freund von Luther und Kantor der Reformation, erstellte dazu das erste evangelische Kirchengesangbuch hier in Torgau und legte damit die Grundlage des evangelischen Gesangs.

2. Euch ist ein Kindlein heut' geborn
von einer Jungfrau auserkorn,
ein Kindelein, so zart und fein,
das soll eu'r Freud und Wonne sein.

3. Es ist der Herr Christ, unser Gott,
der will euch führn aus aller Not,
er will eu'r Heiland selber sein,
von allen Sünden machen rein.

4. Er bringt euch alle Seligkeit,
die Gott der Vater hat bereit,
dass ihr mit uns im Himmelreich
sollt leben nun und ewiglich.

Torgau

Ein Weihnachtslied von Luther - auch das war Martin Luther: Reformer, Vater und Komponist von Kirchenliedern, die er zunächst für seine Kinder schrieb und später Einzug in die Kirche nahmen – und noch heute gesungen werden. „Vom Himmel hoch, da komm´ich her", ist nicht nur eins der bekanntesten Weihnachtslieder, es zeigt auch seine Einstellung am besten.

Torgau

Luther vererbte uns nicht nur das Meißner Kanzleideutsch seines kurfürstlichen Beschützers, das als modernes Hochdeutsch gilt und von jedermann heutzutage genutzt wird.

Er legt uns auch – nach 500 Jahren – noch Worte in den Mund, die uns wie selbstverständlich vorkommen. Wer hat nicht schon seine große Liebe „auf Händen getragen" und am Ende „Trübsal" geblasen, weil er „auf Sand gebaut" hat...

Torgau

So unauffällig, dass man geneigt ist, daran vorbeizugehen. Und doch kam niemand daran vorbei, was hier in der alten Superintendentur im Jahr 1530 von Luther und seinen drei Mitstreitern Melanchthon, Jonas und Bugenhagen verfasst wurde: der Torgauer Artikel, der hier zum Abschluss gebracht wurde und den evangelischen Glauben in 28 Artikeln zusammenfasste. Noch heute stellt er die Grundlage des evangelischen Glaubens dar und ging als Augsburger Bekenntnis, vom 25. Juni 1530, in die Geschichte ein.

Das alte Pfarramt aus dem 15. Jahrhundert, direkt gegenüber der Sankt Marienkirche, wurde auf Bitten Luthers 1529 Superintendantur. Bereits ein Jahr später wird das Haus Geschichte schreiben, die noch heute nachwirkt. Ein Bronzeschild über dem Eingang erinnert an dieses große Ereignis, das die Welt für immer veränderte.

Torgau

Der ernestinische Kurfürst Johann der Beständige, gab Melanchthon in Auftrag, die wesentlichen Änderung der neuen, reformierten Kirche in 28 Artikel zusammenzufassen und noch einmal, nach Worms im Jahre 1521, vor dem deutschen Kaiser Karl V. in Augsburg zu erscheinen.

Heute können Sie hier in jenem historischen Zimmer, in dem einst Martin Luther mit seinen Mitstreitern den Torgauer Artikel schrieben, selber zur Feder greifen und einen Bibel-Vers in einem fortlaufenden Buch schreiben. Außerdem finden Sie in der ehemaligen Superintendantur die Dauerausstellungen „Wurzeln und Flügel" und können Ihr eigenes Leben von Kindheit an Revue passieren lassen.

Adresse Superintendantur: Torgau, Wintergrüne 2. Öffnungszeiten: April-Okt: Di-Fr 10-18 Uhr, Nov-März: Di-Fr 10-16 Uhr. Ganzjährig auch nach Absprache am Montag und Wochenende. Schulklassen nach Absprache. Eintrittspreise: Erwachsene 3,- Euro, Kinder 1,- Euro, Familien (max. 2 Erwachsene, min. 1 Kind) 5,- Euro.

Torgau

Im Innenhof des mächtigen Rathauskomplexes, steht die romanische Nikolaikirche mit ihren zwei sehenswerten Türmen. 1519 war sie, nur zwei Jahre nach Luthers 95 Thesenanschlag in Wittenberg, der Schauplatz der ersten evangelischen Taufe und nur ein Jahr später, 1520, fand hier der erste protestantische Gottesdienst statt. Trotz dieser großen historischen Bedeutung bleibt das Hauptgebäude (im Bildvordergrund Dach und Außenfassade) unsaniert. Die geschichtsträchtige Nikolaikirche kann daher nicht besichtigt werden.

Adresse Nikolaikirche: Torgau, Markt 1, im Innenhof des Rathauses, nur von außen zu besichtigen.

Torgau

Zwischen Schloss Hartenfels und St. Marienkirche liegt das einstige kurfürstliche Kanzleihaus, indem die ernestinischen Kurfürsten 1533 ein modernes Verwaltungszentrum einführten. So musste jede Druckerei, die die Bibel drucken wollte, ob in Wittenberg oder Torgau, hier im Kanzleihaus ihre Genehmigung einholen. Als die Ernestiner den Druck der lutherischen Bibel in Auftrag gaben, verbreitete sich das Meißner Kanzleideutsch wie ein Lauffeuer im ganzen Land. Die Grundlage für unser heute verwendetes Deutsch war geschaffen.

Heute finden Sie hier das Stadt- und Kulturgeschichtliche Museum von Torgau mit der Geschichte des Hauses, der Reformation, des Aufenthaltes Napoleons, der Torgau zur Festung ausbaute und vieles mehr.

Adresse Kanzleihaus: Torgau, Wintergrüne 5, Öffnungszeiten: April-Okt Di-So 10-18 Uhr, Nov-März Di-So 10-17 Uhr. Montags Ruhetag. Eintritt: Erwachsene 4,- Euro, Kinder 3,- Euro, Familien 9,- Euro.

Katharina-Luther-Stube, Torgau

Torgau

Torgau war die erste Station in Freiheit, der 1499 geborenen und im Jahr 1523 entflohenen, adeligen Nonne Katharina von Bora. Als sie bereits mit fünf Jahren standesgemäß ins Kloster Nimbschen bei Grimma, etwa 50 Kilometer südlich von Torgau, geschickt wurde. Als Luther 1517 seine 95 revolutionären Thesen an die Wittenberger Schlosskirche schlug, war er für die junge Katharina und neun bis elf weitere Nonnen, der Grund ihr Nonnenleben hinter sich zu lassen und zu fliehen. Die Nonnen, darunter Katharina, nahmen direkt Kontakt mit Martin Luther auf, um sich aus dem Kloster zu befreien. Eine Flucht, die der Torgauer Ratsherr Leonhard Koppe, in Absprache mit Martin Luther, durchführte. Mitte des 13. Jahrhundert wurde das Kloster von den Wettinern errichtete. Heute steht nur noch eine Ruine, die man jedoch besichtigen kann.

Adresse Kloster Nimbschen: Nimbschener Landstraße 6, 04668 Grimma. Jederzeit öffentlich und kostenfrei zugänglich.

Luthers Testament

Ich, Martinus Luther, Doktor usw. bekenne mit dieser n Handschrift, daß ich meiner lieben und treuen Hausfra gegeben habe zum Leibgedinge (oder wie man es nennen Leben lang, damit sie ihres Gefallens und zu ihren besten ge, und gebe ihr das durch die Kraft dieses Briefes gegen heutigen Tages:
Nämlich das Gütlein Zülsdorff, wo ich dasselbe gekauft u habe, alle Dinge, wie ichs bis jetzt gehabt habe.
Zum anderen das Haus Bruno zur Wohnung, so ich unter Namen gekauft habe.
Zum dritten, die Becher und Kleinode, als Ringe, Schenk dene und silberne, welche ungefähr sollten bei 1000 Gulde

Das tue ich darum:
Erstens, weil sie mich als ein fromm, treulich, ehelich G lieb, wert und schön gehalten und mir durch reichen Go lebendige Kinder (die noch vorhanden, Gott gebe lange) erzogen hat.
Zum anderen, daß sie die Schulden, so ich noch schuldig b nicht im Leben abtrage), auf sich nehmen und bezahlen mag sein ungefähr, soweit mir bewußt, 450 Gulden, vie sich wohl mehr finden.
Zum dritten, und allermeist darum, daß ich will, sie mi Kindern, sondern die Kinder ihr in die Hände sehen, sie ten und unterworfen sein, wie Gott geboten hat. Denn i gesehen und erfahren, wie der Teufel wider dies Gebot die

Torgau

Torgau war aber auch die letzte Station von Katharina von Bora, die nur zwei Jahre nach ihrer Flucht Martin Luther heiratete. Sie war eine rebellierende, gebildete und frei denkende Frau. Als Martin Luther 1546 starb, hinterließ er in einem Testament, in Absprache mit seinem ernestinischen Kurfürsten, dass seine Frau alleinige Erbin seiner Güter ist. Eine Sensation zu damaliger Zeit. Sein ernestinischer Kurfürst gewährte ihm aber seinen Wunsch. Die Kopie dieses Testaments und viele weitere Ausstellungsdokumente aus dem Leben von Katharina Luther finden Sie hier in der Katharina-Luther-Stube.

Auf der Flucht vor der Pest in Wittenberg verunglückte ihr Wagen im Dezember 1552 auf dem Weg nach Torgau. Wenige Tage später starb Katharina hier in diesem Haus. Bis heute ist es die einzige Gedenkstätte für Katharina Luther.

Adresse der Katharina-Luther-Stube: Torgau, Katharinenstraße 11, Öffnungszeiten: Mo-Sa 10-16 Uhr, Sonntag Ruhetag. Eintritt: Erwachsene 2,- Euro, Kinder 1,- Euro, Familien 4,50 Euro.

Torgau

Mit nur 53 Jahren starb Katharina von Bora, auf Grund ihres Unfalls, am 20. Dezember 1552, sechs Jahre nach dem Tod Martin Luthers. Unter dem weiten Bogen, links im Bild, befindet sich seit dem 22. Dezember 1552 die letzte Ruhestätte von Katharina Luther, hier in der Sankt Marienkirche in Torgau in der Martin Luther mehrfach predigte. Sechs Kinder brachte Katharina Luther zur Welt, von denen zwei bereits im Kindesalter starben. Noch heute ist sie die berühmteste Pfarrersfrau. Und noch heute gibt es Nachfahren von Katharina und Martin Luther, die inzwischen in 14./15. Generation leben. Alle noch heute lebenden Nachfahren entstammen dem sechsten und damit letzten Kind Margarethe.

Nach ihrer Hochzeit mit Martin Luther führte sie die Geschicke im Hause Luthers in Wittenberg und baute das ehemalige Augustinerkloster in ein florierendes „Wirtschaftsunternehmen" um.

Torgau

Nach Luthers Tod bricht das Leben von Katharina faktisch auseinander. Der Schmalkaldener Krieg bricht nur fünf Monate nach seinem Tod aus. Es folgen Flucht und eine zerstörte Wittenberger Hinterlassenschaft, und damit keine Einkünfte, sodass sie plötzlich auf Hilfe angewiesen ist. Mit der aufkommenden Pest flieht sie nach Torgau und verunglückt auf dem Weg, vor den Toren Torgaus. Ihr bewegtes Leben fand damit ein dramatisches Ende... Ihrem Sarg folgen auch Luthers Wittenberger Studenten und Doktoren, am 22. Dezember 1552, in der Sankt Marienkirche.

In der spätgotischen Sankt Marienkirche aus dem 15. Jahrhundert, liegt seit 1503, unter einer großen Bronze-Grabplatte, auch Sophie von Mecklenburg. Sie war die erste Ehefrau des Kurfürsten Johann dem Beständigen. Auch die Mutter seines Bruders Johann Friedrich dem Großmütigen, fand hier ihre letzte Ruhestätte.

Adresse St. Marienkirche: Torgau, Wintergrüne 2, Öffnungszeiten: April-Okt 10-18 Uhr, Eintritt frei, Nov-März geschlossen.

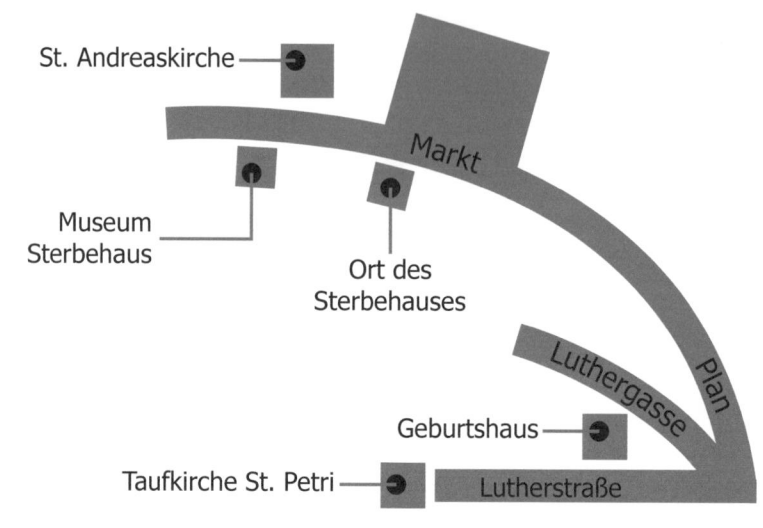

Eisleben Stadtplan

Eisleben liegt unweit des Harzes und war Geburts- und Sterbestadt in einem. Hier finden Sie die Kirche, in der Luther getauft wurde und die Kirche, in der er seine letzte Predigt hielt. Gehen Sie über die Dielen des Geburtshauses Luthers und ins Sterbehaus-Museum.

Nur eine halbe Stunde mit dem Auto entfernt, liegt das Elternhaus Luthers in Mansfeld mit umfangreichem Museum.

Eisleben

Die Zeit Luthers war eine Zeit des Umbruchs vom Mittelalter in die Neuzeit. Als Martin Luther am 10. November 1483 auf die Welt kam, war Amerika noch nicht entdeckt. Jahrzehnte später sollte Luther ein Teil dieser rasanten Entwicklung werden.

Teilweise sollte er selbst von der Entwicklung und den Erkenntnissen überrollt werden, wie den Entdeckungen von Kopernikus. Wie alle anderen zu jener Zeit, so war sich auch Luther sicher, dass die Erde im Mittelpunkt steht. So schrieb Luther einst über Kopernikus: „Dieser Dummkopf möchte die gesamte Kunst der Astronomie verdrehen. Jedoch hat das heilige Buch uns erklärt, dass Josua die Sonne und nicht die Erde bat, still zu stehen."

Eisleben

In Eisleben weilten die Eltern Luthers, Hans und Margarethe Luder (Zeichnung), nur eine kurze Zeit – und dennoch sollte es eine schicksalhafte Stadt für ihren berühmten Sohn Martin Luther bleiben – als Geburts- und Sterbestadt. Im Geburtshaus mit dem anschließenden Museum finden sich viele Schriftstücke, Einrichtungsgegenstände aus jener Zeit und vieles mehr. Bereits seit Ende des 17. Jahrhunderts ist das Luthergeburtshaus ein öffentliches Museum und damit die älteste Gedenkstätte im deutschsprachigen Raum für eine Person.

Adresse Geburtshaus: Eisleben, Lutherstraße 15, Öffnungszeiten: April bis Oktober täglich 10-18 Uhr, November bis März Dienstag bis Sonntag 10-17 Uhr, montags geschlossen. Eintritt: Erwachsene 4,- Euro, ermäßigt 2,50 Euro, Kombiticket (Geburts- und Sterbehaus) 6,- Euro.

Eisleben

Eines dieser Ausstellungsstücke findet man am Ende eines Raumes, auf der Fensterseite: ein versilberter Schwan aus Lindenholz, der für Luther und auch für die Reformation von größter Bedeutung war.

„Heute verbrennt ihr eine Gans, aber nach mir kommt ein Schwan, den könnt ihr nicht verbrennen.", soll der tschechische Reformer Jan Hus kurz vor seiner Hinrichtung in Konstanz am Bodensee auf dem Scheiterhaufen, am 6. Juli 1415, gerufen haben. Hus heißt auf Deutsch „Gans". Aus seinem Namen heraus begründeten sich die Hussiten.

Wie Luther, war auch Hus studiert, hatte den Doktortitel inne, war seit 1400 Priester und wie Luther Universitätsprofessor, Dekan und auch Rektor der Karls Universität in Prag. Und genauso wie Luther hatte er die Bibel für das tschechische Volk in seine Sprache übersetzt und wirkte damit genauso wie Luther in der deutschen Sprache, sprachbildend in Tschechien.

Eisleben

Auch Jan Hus kritisierte den Ablasshandel und sah die Bibel als letzte religiöse Autorität. Luther sah sich als genau den von Hus prophezeiten Schwan, der er dann wohl auch war – 102 Jahre später – nachdem er seine 95 Thesen an die Schlosskirche von Wittenberg schlug. Als die Menschen von der Verbrennung Jan Hus in Konstanz hörten, kam es zu Aufständen.

Vier Jahre brodelte es im Volk und mit dem Prager Fenstersturz, bei dem das Volk zehn höhere Beamte wie den Bürgermeister aus dem Fenster warfen, begann der Hussitenkrieg. Der böhmische König Wenzel, der auch römisch-deutscher König war, und von dem Volksaufstand hörte, bekam einen Schlaganfall und starb nur etwa 14 Tage später.

Eisleben

Ausgerechnet sein Bruder Siegesmund von Luxemburg wurde Wenzels Nachfolger. Unter dessen Schutzbrief Jan Hus nach Konstanz, zum deutschen Kaiser Friedrich VI., aufbrach. Dennoch wurde er hingerichtete und die Hussiten-Aufstände nahmen ihren Anfang. Auch dies eine Parallele, die sich in Worms über 100 Jahre später, fast wiederholt hätte.

Der vielzitierte „Zweite Fenstersturz" von Prag, im Jahr 1618, brachte das Fass endgültig zum Überlaufen und führte zum „Dreißigjährigen Krieg". An dessen Ende – nach Millionen von Toden und Machtverschiebungen in ganz Europa – wieder der aus dem Jahr 1555 geschlossene Augsburger Religionsfrieden stand. Und damit die Gleichstellung der evangelisch-lutherischen Kirche mit der römisch-katholischen, dessen Kurzformel: „Wessen Land, dessen Religion" war.

Eisleben

Am 10. November 1483 wird Martin Luther in Eisleben, etwa 90 Kilometer südlich von Magdeburg, geboren. Nur einen Tag später wird Luther hier in der St.-Petri-Pauli-Kirche, am Martinstag, getauft und erhält daraus, wie damals üblich, seinen Vornamen Martin.

Die St. Petri-Pauli-Kirche entstand zwischen 1447 und 1513. Da das Langhaus erst 1513 vollendet war und der 54 Meter hohe Westturm bereits zwischen 1447 und 1474 entstand, vermutet man, dass Luther noch da getauft sein könnte.

Eisleben

Das neugotische Taufbecken links vor dem Altar enthält Teile von Luthers Taufstein. Zwischen 2010 und 2012 wurde im Fußboden vor dem Altar ein etwa ein Meter rundes Taufbecken eingelassen, mit bewegtem Wasser. Am Beckenrand mit dem Schriftzug des Taufbefehls Jesu.

Adresse St. Petri-Pauli-Kirche: Eisleben, Petrikirchplatz, Öffnungszeiten: Montag bis Samstag von 10-16 Uhr und an Sonn- und Feiertagen von 11.30-16.00 Uhr. Eintritt frei.

Eisleben

Die spätgotische St. Andreaskirche wurde 1180 erstmals erwähnt und liegt weithin sichtbar, oberhalb des Marktes, gegenüber dem Sterbehaus-Museum. Hier hielt Martin Luther vom 31. Januar bis zum 15. Februar 1546 seine letzten vier Predigten. Nach umfangreicher Restaurierung kann die Kanzel wieder besichtigt werden.

Adresse St. Andreaskirche: Eisleben, Andreaskirchplatz 11, Öffnungszeiten: Mai-Okt Mo-Sa 10-16 Uhr und So 11.30-16 Uhr, sowie Nov-April Mo-Fr 10-12 Uhr und nach Vereinbarung. Eintritt frei.

Eisleben

Nur drei Tage nach seiner letzten Predigt, starb Martin Luther, am 18. Februar 1543, und wurde einen Tag später, am 19. Februar 1543, hier in der St. Andreaskirche aufgebahrt. Auf Wunsch des Kurfürsten Johann Friedrich der Großmütige wurde Martin Luther nach Wittenberg in die Schlosskirche überführt, wo er noch heute, neben seinen kurfürstlichen Beschützern Friedrich der Weise, Johann der Beständige und seinem Mitstreiter Melanchthon, ruht.

Eisleben

Das hier abgebildete Haus, in dem Luther am 18. Februar 1546 starb, gibt es nicht mehr. Es lag oberhalb des Marktes, wo sich das Lutherdenkmal befindet.

Der Grund seines Besuches in Eisleben war, dass er zwischen den beiden verfeindeten Mansfelder Fürsten vermitteln sollte. Da die Angelegenheit zu jener Zeit nicht warten konnte und sein Ansehen von beiden Fürsten offensichtlich war, brach er bei klirrender Kälte, am 17. Januar, nach Mansfeld auf. Einen Tag vor seinem Tod einigten sich tatsächlich die Mansfelder Fürsten. Seine Vermittlungen waren nicht vergebens.

Eisleben

Das heutige Sterbehaus befindet sich ein paar Häuser weiter, direkt gegenüber dem Eingang der St. Andreaskirche. Es gehörte, wie das tatsächliche Sterbehaus am Markt, ebenfalls der Familie von Dr. Drachstetten, sodass man davon ausgehen kann, dass Luther sich in beiden Häusern im Laufe seines Lebens aufgehalten hatte.

Seit 1726 gilt es als Luthers Sterbehaus und im Jahr 1863 richtete dort der preußische Fiskus die Gedenkstätte ein. Hier finden Sie eine Vielzahl an Dokumenten, Aufzeichnungen und Einrichtungen, die einen Einblick in das Leben zu Luthers Zeiten gibt. Höhepunkt der Ausstellung ist der Nachbau von Luthers Schlafzimmer mit Sterbebett. Das bedeutendste Exponat ist mit Sicherheit das Bahrtuch, mit dem 1546 Luthers Sarg bedeckt wurde.

Eisleben

Justus Jonas begleitete seinen Freund Luther damals auf seiner Reise nach Eisleben und verfasste den Bericht zu dessen Tod, den man hier wie viele weitere Zitate, nachlesen kann: „O Herr, Gott, Doktor Jonas, wie ist mir übel, mich drückt´s so hart um die Brust, o ich werde in Eisleben bleiben." Und nur einen Tag vor seinem Tod ahnte wohl schon Luther seinen nahenden Tod, als er zu Jonas sprach: „Doktor Jonas und Herr Michl, ich bin hier in Eisleben geboren und getauft worden – was, wenn ich hier bleiben sollte?"

Adresse Sterbehaus: Eisleben, Andreaskirchplatz 7, Öffnungszeiten: April bis Oktober von Montag bis Sonntag 10-18 Uhr, November bis März von Dienstag bis Sonntag 10-17 Uhr. Eintritt 4,- Euro, Ermäßigt 2,50 Euro, Kombiticket (Sterbe- und Geburtshaus) 6,- Euro.

Eisleben

Nur wenige Kilometer vor Eisleben, bei Unterrissdorf, hatte Luther wohl einen Herzanfall und schrieb am 1. Februar 1546 an seinen Freund und Mitstreiter Melanchthon nach Wittenberg: „Auf der Reise befiel mich eine Ohnmacht und zugleich auch ein Herzanfall. Ich ging nämlich zu Fuß, aber es ging über meine Kräfte, sodass ich schwitzte. Weil danach durch den Schweiß auch das Hemd im Wagen kalt war, griff die Kälte einen Muskel des linken Arms. Daher jene Beklemmung des Herzens und die Atembeschwerden. Aber jetzt fühle ich mich wieder ganz leidlich."

Nur 17 Tage nach diesen Zeilen, starb Luther!

Mansfeld

1484, Hans und Margarethe Luder, seine Eltern, treffen auf der Reise vom thüringischen Möhra in Mansfeld am Harz ein, wo der aufblühende Kupferabbau für Wohlstand sorgen sollte.

Hans, sein Vater, kam aus einer gut situierten Großbauernfamilie. Der richtige Nachname der Familie, der sich immer wieder anders schrieb, wird wohl Lüder gewesen sein. Wohl hervorgehend aus dem seit Anfang des 14. Jahrhundert in Möhra ansässigen Ritter Wigand von Lüder. Dieser stammte aus dem Adelsgeschlecht der Lüder, aus dem hessischen Großlüder. Möglich, dass auch das ein Grund war, dass Luther, als Adeliger, der er mit seiner Herkunft damit wäre, später in den Kreisen überhaupt wahr genommen wurde und seine Worte entsprechend Tragweite hatten. Einem einfachen Bauernsohn hätte wohl weder der Papst angehört, noch sein Beschützer, Friedrich der Weise, unterstützt.

Mansfeld

Seine Mutter, Margarethe Lindemann, kam aus einer angesehenen Eisenacher Juristen-Familie. Ihre beiden Brüder waren Juristen. Ihr Onkel war oberster Berg- und Hüttenverwalter der Grafschaft Mansfeld, als sie im Sommer 1483 nach Mansfeld aufbrachen und 1484 eintrafen.

Der Vater hatte es hier als Mineneigner und späterer Ratsherr sehr schnell zu Ansehen und Wohlstand gebracht. Seinen Wohlstand zeigte man seinerzeit auf Gemälden mit dem angelegten Pelz über den Schultern. So wie Lucas Cranach, im Jahr 1530 Hans Luder, auf dem Gemälde porträtierte.

Mansfeld

2014 wurde das moderne Museum direkt gegenüber des Elternhauses errichtet. In seiner gelungenen Dauerausstellung gibt es auf zwei Etagen Einblick in das Leben der Luders vor über 500 Jahren.

Zwischen 2003 und 2006 fanden an dieser Stelle archäologische Ausgrabungen statt. So konnte das Leben der Luders umfassend rekonstruiert werden. Die Familie bewohnte danach nicht nur das bereits bekannte Wohnhaus, sondern ein stattliches Gehöft mit Wohngebäuden, Stallungen und Lagerhäusern, so das Landesamt für Denkmalpflege, das die Ausgrabungen vornahm.

Mansfeld

Das Museum zeigt seltene Fundstücke aus einer ergiebigen Ausgrabungsstätte. So spricht man von hunderten Ausgrabungsstücken und fand darin aufwendiges Geschirr der Luders, Münzen, Teile von einem alten Kachelofen, Fensterglas, teilweise sogar bunt, was zu jener Zeit selten war. Und sogar 500 Jahre altes Spielzeug von Luther! Die Fundstücke vermutet man aus dem Jahr 1500, etwa drei Jahre, nachdem Luther sein Elternhaus verlassen hatte.

Dieser Ausgrabungserfolg war Anlass, auch auf dem Gebiet des Lutherhauses in Wittenberg archäologische Grabungen vorzunehmen, wo ebenso historische Fundstücke Luthers gefunden worden.

Mansfeld

Die ersten 13 Jahre seines Lebens, und damit seine gesamte Kindheit, verbrachte Luther in Mansfeld. „Ich bin ein Mansfeldisch Kind", sagte Luther einst. Und unter diesem Motto wird die Dauerausstellung hier an diesem geschichtsträchtigen Ort auch geführt. Das Elternhaus ist dem benachbarten Museum angeschlossen.

Adresse Museum Elternhaus Mansfeld: Mansfeld, Lutherstraße 26, Öffnungszeiten: April-Okt Mo-So 10-18 Uhr, Nov-März Di-So 10-17 Uhr, Montag Ruhetag. Eintritt: Erwachsene 4,- Euro, Kinder 2,50 Euro.

Wochenend-Tour 3

Mansfeld

Zu Mansfeld und seinen Grafen hatte Luther zeitlebens einen engen Kontakt. Auch sein Bruder stand den Mansfelder Grafen nahe. So übernahm er das Familienunternehmen seines Vaters, das den Mansfelder Grafen unterstellt war, und wurde Schultheiß in Mansfeld, das höchste städtische Amt.

Es war faktisch auch seine letzte Station. Auf dem Heimweg von den Mansfelder Grafen nach Wittenberg, verstarb Martin Luther im nahe gelegenen Eisleben, am 18. Februar 1546.
Heute findet man im Schloss 26 Gäste- und ein Trauzimmer, ein Ausflugs-Cafe und acht Tagungsräume im historischen Ambiente.

Adresse: Mansfeld, Schloss Mansfeld 1, Führung (Schlossgelände + Kirche) 3,- Euro pro Person (min. 20,- Euro pro Führung), Führung (Schlossgelände + historische Räume) 5,- Euro pro Person (min. 20,- Euro pro Führung). Übernachtungs-Preise: Doppelzimmer 59,- Euro, Einzelzimmer 35,- Euro, jeweils mit Frühstück.

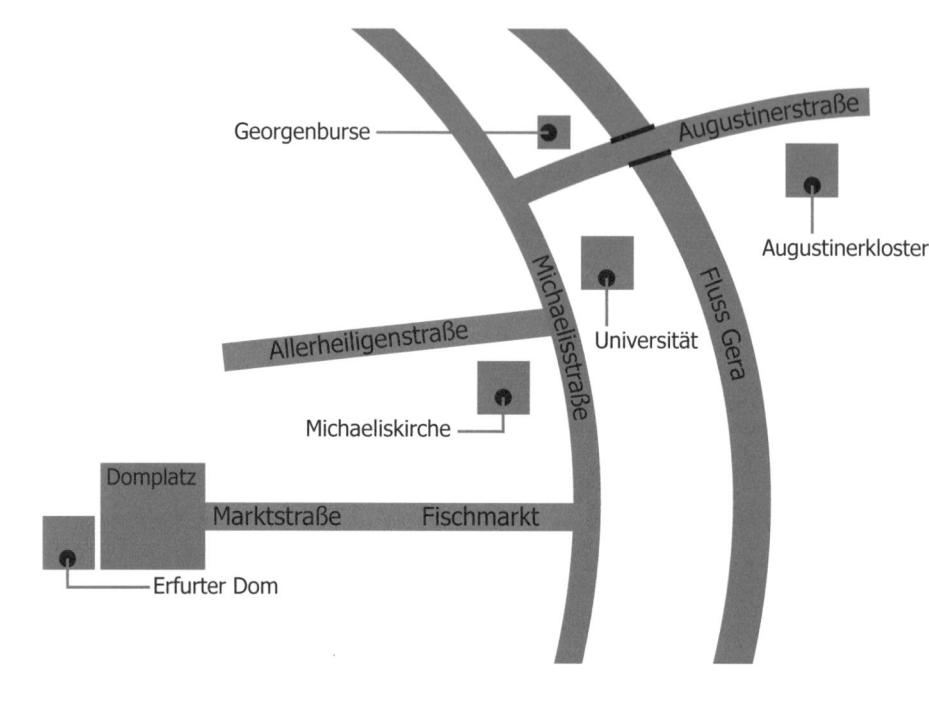

Erfurt Stadtplan

Erfurt ist die Landeshauptstadt Thüringens und liegt ziemlich genau in der Mitte Deutschlands. Hier war Luther Student. Jahre später wurde er in Erfurt zum Mönch und Priester geweiht.

Etwa 10 Kilometer nördlich von Erfurt liegt Stotternheim. Auf den Weg nach Erfurt kam Martin Luther hier ins Gewitter und änderte danach radikal sein Leben.

Erfurt

Der gewaltige Erfurter Dom und die benachbarte St. Serveri Kirche thronen majestätisch auf dem Domberg und prägen seit Jahrhunderten das Stadtbild Erfurts. „Gloriosa", im Mittelturm des Erfurter Domes, ist die größte freischwingende mittelalterliche Glocke der Welt. Mit einem Durchmesser von 2,57 Meter und einem Gewicht von 11,5 Tonnen gehört sie auch zu den größten Glocken der Welt und wird als „Königin der Glocken" bezeichnet.

Am 3. April 1507 wird Martin Luther hier in einer Kapelle des Kreuzgangs am Erfurter Dom, noch unter seinem bürgerlichen Namen Luder, zum Priester geweiht. Vier Wochen später, am 2. Mai 1507, hält Luther seine Primiz, seine als Hauptzelebrant gefeierte heilige Messe, nach der Priesterweihe.

Adresse: Erfurt, Domberg. Mai-Okt Mo-Sa 9.30-18 Uhr, So/feiertags 13-18 Uhr, sowie Nov-April Mo-Sa 9.30-17 Uhr, So/feiertags 13-17 Uhr. Eintritt frei.

Erfurt

Bereits 1290 errichtet, wurde sie im Jahr 1392 mit der Gründung der gegenüberliegenden Erfurter Universität zur Universitätskirche ernannt.

Von 1501 bis 1505 besuchte Martin Luther, der zu jener Zeit noch unter seinem eigentlichen Namen Martin Luder studierte, regelmäßig die Messe in St. Michael, der Michaeliskirche. Johannes Bonemilch, Pfarrer an der Michaeliskirche, Universitätsprofessor und Rektor an der Erfurter Universität, an der auch Luther studierte, war Weihbischof im Erzbistum Mainz mit Sitz in Erfurt und weihte Martin Luder, im Jahre 1507, in einer Kapelle am Erfurter Dom zum Priester.

Erfurt

Johannes Bonemilch wurde auch Dr. Johannes von Laasphe genannt und war Stifter der gleichnamigen Laasphe-Kapelle der Michaeliskirche, in der sich „Katharina", die älteste Glocke Erfurts, befindet.

Jahre später, wurde die Michaeliskirche vom einstigen Studenten Martin Luder zu einem Brennpunkt der Reformation, an der er nun als Martin Luther sein Evangelium verbreitete.

Adresse Michaeliskirche: Erfurt, Michaelisstraße 11, Öffnungszeiten: Montag-Samstag 11-16 Uhr, Eintritt frei.

Erfurt

1379 erhielt die Erfurter Universität ihr Gründungsprivileg und ist damit, noch vor Heidelberg mit dem Jahr 1386, die älteste Universität Deutschlands. 1501 immatrikulierte hier ihr wohl berühmtester Student: Martin Luther. 1505 erhielt er die Magisterwürde und nahm sein Jurastudium, wie mit seinem Vater vereinbart, auf. Gesagt, getan, bis jener Tag in Stotternheim kam, nördlich von Erfurt, nur eine halbe Auto-Stunde entfernt.

Er warf, gegen den Willen seines Vaters, das Studium hin und ging ins nur fünf Minuten entfernte Augustinerkloster.

Adresse Alte Universität: Michaelisstraße, Ecke Allerheiligenstraße, gegenüber der Michaeliskirche. Keine öffentlichen Besucherräume.

Erfurt

Als 17jähriger zog Martinus Luder, der später unter dem Namen Martin Luther Weltruhm erlangte, hier im April 1501 ein, um sein Studium in der nur wenige Meter entfernten Erfurter Universität zu beginnen. Über vier Jahre wohnte Luther hier in der Georgenburse, bevor er ins nur etwa hundert Meter entfernte Augustinerkloster ging und sein Leben komplett änderte.

Heute befindet sich im Erdgeschoss eine Dauerausstellung über das Studenten-Leben im Mittelalter. Wer möchte, kann sich für eine Nacht in der zweiten Etage, in einem der vier Zimmer, wie Martin Luther fühlen und hier übernachten.

Adresse: Augustinerstraße 29, versetzt im Hinterhof. Öffnungszeiten und Führungen nach Vereinbarung über das benachbarte Augustinerkloster.
Eintrittspreise: Erwachsene 3,50 Euro, Kinder 1,- Euro.
Übernachtungen für Pilger: Anmeldung über das Augustinerkloster, Übernachtungspreise: Doppelzimmer 30,- Euro, Einzelzimmer 18,- Euro. Frühstück 7,50 Euro. Buchungsanfrage über www.augustinerkloster.de.

Erfurt

Am 17. Juli 1505, nur zwei Wochen nach seinem Gewittererlebnis von Stotternheim, steht der junge Luther mit 23 Jahren hier vor dem Tor des Erfurter Augustinereremitenklosters. Studienfreunde begleiteten ihn und waren sich sicher, dass er bald wieder unter ihnen als Student weilen würde. Sie irrten sich.

Adresse Augustinerkloster: Erfurt, Augustinerstraße 10. Klosterführungen ganzjährig: Mo-Sa 11.00 / 13.00 / 15.00 Uhr. April bis Okt auch So/feiertags 11.00 / 12.00 Uhr und auf Anfrage. Eintrittspreise: Erwachsene 6,50 Euro, Kinder 4,- Euro, Familienkarte (2 Erwachsene, 2 Kinder) 16 Euro.

Für Übernachtungen stehen 25 Doppel- und 26 Einzelzimmer zur Verfügung. Anmeldung über Augustinerkloster, Übernachtungspreise: Doppelzimmer 89,- Euro, Einzelzimmer 59,- Euro, jeweils inkl. Frühstück. Buchungsanfrage über www.augustinerkloster.de.

Erfurt

Hier auf diesem Boden liegt Luther 1506 vor dem Kreuz und wird zum Mönch geweiht. Vor jenen Fenstern, aus denen später seine Luther-Rose hervorgehen wird. Bereits am 27. Februar 1507 wird er Diakon und nur wenige Wochen später weiht ihn Johannes Bonemilch von der Universitätskirche „Michaeliskirche" in der Kilianskapelle am Erfurter Dom zum Priester.

Erfurt

Das Mönchsleben, das er wählte, ist hart und beginnt 3.00 Uhr am Morgen mit einem Gebet. Es darf tagsüber nicht gesprochen werden, weshalb sich auch im Essensraum die Mönche nicht gegenübersitzen dürfen. Niemand darf schlafen – auch nicht nachts – denn ein wacher Geist, braucht keinen Schlaf, so die strenge Regel. Für Luther gehörte das Mönchsleben zu einer seiner härtesten, aber auch lehrreichsten Erfahrungen.

Ein Grund, dass Luther seine Reise nach Rom antritt, um über genau diese strengen Mönchsregeln zu diskutieren. Zurück kommt er aus Rom mit revolutionären Gedanken, die seine Sicht auf den Papst auf den Kopf stellen.

Erfurt

Als er 1507, im Jahr seiner Priester-Weihe, sein Theologiestudium aufnimmt, studiert er das aufkommende Fach „Scholastik", eine philosophische Richtung im Mittelalter, die ihren Ursprung in der Antike aus den Lehren des Aristoteles hat. Hier paarten sich die religiösen, theologischen Erkenntnisse mit der Wissenschaft. Eine Art der Herangehensweise, wie sie dem ehemaligen Jurastudenten lag.

Die Lutherzelle (Bild) im Augustinerkloster kann bei einer etwa einstündigen Führung besichtigt werden.

Erfurt

Der aufkommende Humanismus führt ihn in die Rückbesinnung zur griechisch, hebräischen Bibelschrift, die er liest, übersetzt, deutet und zu verstehen versucht. Der Grundstein seiner späteren Erkenntnisse, die er auch in Wittenberg, 1512 macht, als er längst Doktor der Theologie an der Wittenberger „Leucorea"-Universität war und in einem Römerbrief macht: „der Mensch erlange Gerechtigkeit allein durch die Gnade Gottes, nicht durch gute Werke." (Röm. 1, 17).

Erfurt

Immer wieder kommt Luther zurück nach Erfurt. So auch am 7. April 1521 auf seiner Fahrt zum Reichstag in Worms. In der überfüllten Augustinerkirche, in der er einst Mönch war, sitzen nun Hunderte, auch Studenten und selbst der Rektor seiner Universität, die er 16 Jahre zuvor aufgegeben hatte, für sein Mönchsleben. Ihnen allen legt er seine Entdeckungen dar, mit den Worten: „Ich will die Wahrheit sagen (er meinte damit in Worms, Anm. d. A.) und muss es tun, und sollte es mich zwanzig Hälse kosten."

Stotternheim

Wir schreiben das Jahr 1505. Luther ist nach einem Besuch bei seinen Eltern in Mansfeld zu Fuß nach Erfurt unterwegs, wo er als Jurastudent an der Universität eingeschrieben ist. Bei Stotternheim, etwa zehn Kilometer nördlich von Erfurt entfernt, am 2. Juli, kommt er auf einer Anhöhe in ein schweres Gewitter. Neben ihm schlagen Blitze ein. Immer mehr. Für den tiefgläubigen Luther nimmt das Unheil seinen Lauf. Sein Freund Alexius, der ihn begleitet haben soll, wird an jenen Tag vom Blitz getroffen und stirbt.

Stotternheim

In seiner Angst kniet Luther nieder und bettet flehentlich zur heiligen Anna, der Mutter Gottes: „Heilige Anna, hilf! Lässt Du mich leben, so will ich Mönch werden!"

Tatsächlich überlebt Luther das schwere Gewitter und hält sein Versprechen und geht ins nur wenige Meter von seiner Universität entfernte Augustinerkloster. Würde er sein Versprechen nicht halten, so wusste er, würde er nach seinem Tod ins Fegefeuer kommen.

Stotternheim

Niemand weiß heute genau, ob es dieses Gewitter je gab oder ob es nur die Begründung gegenüber dem Vater war, um Augustinermönch zu werden. Denn er ging gegen dessen Willen von der Universität. Der Kontakt zwischen Vater und Sohn brach ab. Erst 20 Jahre später, bei seiner Hochzeit mit der adeligen Katharina von Bora, im Jahr 1525, haben sie wieder Kontakt, der dann nicht mehr abreißt und sogar dazu führt, dass auch er, Vater Hans, den Namen „Luther" annimmt.

Stotternheim

Das Gewitterereignis von Stotternheim, vor den Toren Erfurts, gilt als Wendepunkt des jungen Luther, vom wissenschaftlichen hin zum religiösen Bekenntnis.

Heute befindet sich an jener Stelle, an der das Gewitter stattfand, ein Gedenkstein, der bereits 1917 hier errichtet wurde.

Adresse: 99195 Erfurt, Luthersteinweg 1, Parkplätze auch für Busse vorhanden. Frei zugänglich.

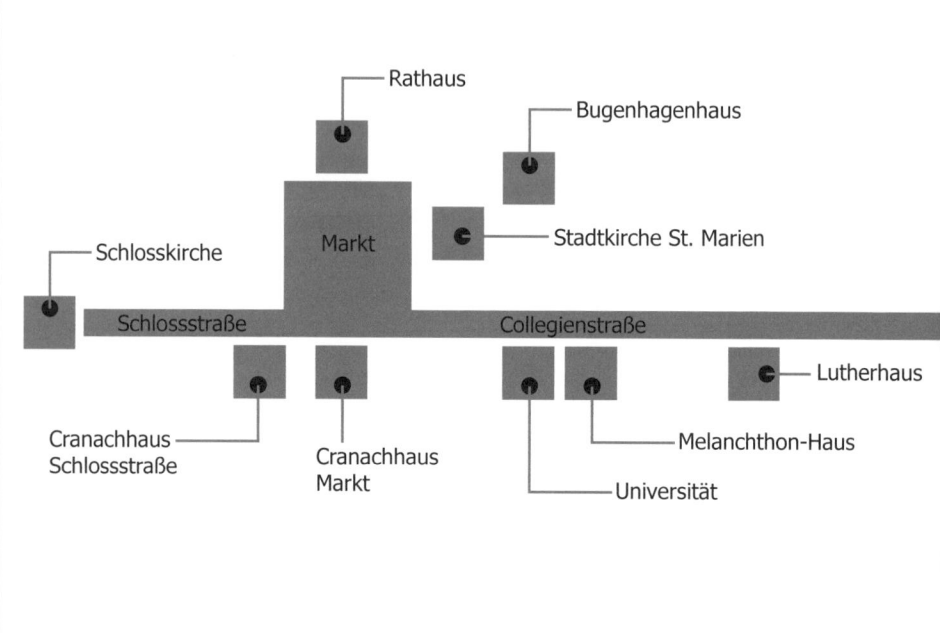

Wittenberg Stadtplan

„Was Torgau beschließt, wird in Wittenberg verkündet", hieß es. Wittenberg liegt zwischen Berlin und Leipzig. Und verkündet wurden hier in Wittenberg nicht nur die 95 Thesen an der Schlosskirche. Als Universitätsprofessor und als Priester an der gegenüberliegenden Stadtkirche verkündete Luther das, was viele bis dahin nicht für möglich hielten – das Gott eben kein strenger Richter, sondern ein liebender, verzeihender Vater war, der vergibt und dafür keine Ablassbriefe braucht. Wittenberg wurde der Schmelztiegel der Reformation.

Wittenberg

Die mittelalterliche Stadtkirche ist das älteste und größte Gebäude Wittenbergs. Sie war Luthers „Mutterkirche", von hier aus predigte er und veränderte die Welt.

Als Luther auf der Wartburg weilte, kam es zu Aufständen, die von Andreas Karlstadt angeführt wurden. Er war Dekan der Theologie, an der Universität Wittenberg. Unter ihm promovierte auch Luther. Nach Luthers Entführung fürchteten viele, dass er bereits Tod sei und die Reformation damit gefährdet oder gar beendet sein könnte. Karlstadt wollte die Reformation nun radikal durchsetzen. Um Ordnung und Ruhe in Wittenberg wieder herzustellen, reiste Luther überstürzt von der Wartburg ab. In Wittenberg konnte er die aufgebrachte Bevölkerung durch seine Anwesenheit beruhigen. Mit seinen Invokavitpredigten in der Stadtkirche, jenen acht Predigten vom neunten bis zum 16. März 1522, konnte er die „Wittenberger Bewegung" beenden. Seine Botschaft: „Friedliche Reformation, statt gewaltsame Revolution".

Wittenberg

Die Stadtkirche war auch Schauplatz seiner Hochzeit, am 27. Juni 1525. Als ehemaliger Mönch heiratete er eine entflohene, adelige Nonne. Allein das, vor 500 Jahren, eine Provokation. Damit zeigte er der damaligen Welt, dass es in seiner reformierten Kirche kein Zölibat geben wird. Der Priester, der Ihre Ehe schloss, war Bugenhagen, der neben Luther die Reformation vorantrieb. Sein sächsischer Kurfürst machte ihnen das heutige Lutherhaus zum Hochzeitsgeschenk und bekannte sich damit öffentlich zu Luther und seiner Reformation. In den Folgejahren taufte Luther seine Kinder hier in der Stadtkirche.

Adresse Stadtkirche: Wittenberg, Kirchplatz, Öffnungszeiten: Ostern bis Okt Mo-Sa 10-18 Uhr, So 11.30-18 Uhr, Nov bis Ostern Mo-Sa 10-16 Uhr, So 11.30-16 Uhr. Eintritt frei. Führungen täglich 14 Uhr, Erwachsene 3,- Euro, ermäßigt 1,50 Euro.

Wittenberg

Direkt hinter der Stadtkirche liegt unscheinbar das Bugenhagenhaus. Es ist das älteste evangelische Pfarrhaus der Welt. Johannes Bugenhagen wurde 1523 der erste Superintendant und gilt neben Luther und Melanchton als „dritter Reformator", der unter anderen auch am Torgauer Artikel, der als Grundlage des Augsburger Bekenntnis in die Geschichte eingeht, beteiligt war. Bis 1997 lebten hier im Bugenhagenhaus ununterbrochen alle amtierenden Superintendenten. Der aus Pommern stammende Bugenhagen hatte erheblichen Anteil daran, dass sich die Reformation im norddeutschen Raum und in Skandinavien ausbreitete. Heute befinden sich hier eine Ausstellung zur Geschichte des Hauses und mehrere Tagungsräume, die für Veranstaltungen genutzt werden können.

Adresse Bugenhagenhaus: Wittenberg, Kirchplatz 9, direkt hinter der Stadtkirche, Öffnungszeiten: Mo-Fr 10-16 Uhr, Eintritt frei.

Wittenberg

Die „Kirche der Reformation", wie die Schlosskirche von Wittenberg auch genannt wird, stellt den Ursprung der Reformation dar. Das Starsignal zur Reformation mit dem Anschlag der 95 Thesen. Luther prangerte am Abend vor Allerheiligen, an jenem 31. Oktober 1517, vor allem den Ablasshandel an.

Im Siebenjährigen Krieg brannte 1760 die Schlosskirche aus. Auch die hölzerne Thesentür fiel dem Brand zum Opfer. 1858 stiftete König Friedrich Wilhelm IV. von Preußen die heutige, in Bronze gegossene Thesentür.

Wie sehr die ernestinischen Kurfürsten Friedrich der Weise und sein Bruder Johann der Beständige Luther schätzten und sich mit ihm verbunden fühlten, zeigt sich daran, dass sie gemeinsam mit Luther und Melanchthon in der Schlosskirche ihre letzte Ruhe fanden. Jene Kirche, die der Inbegriff der Reformation war und ist.

Wittenberg

Der ernestinische Kurfürst Friedrich der Weise liegt seit 1525 hier am Altar, wie auch sein Bruder Johann der Beständige, der nach dessen Tod, unbeirrt den Weg mit Luther weiterging und seit 1532 hier liegt. Ihm folgte Luther im Jahr 1546 und 1560 waren die vier Anführer der Reformation mit Melanchthon wieder vereint ...

Am 23. Mai 1546 stand der deutsche Kaiser Karl V. am Grab Luthers. Einer Legende nach wollte er den Ketzer Luther nachträglich auf den Scheiterhaufen bringen. Eine andere Legende sagt, man habe das Grab vor dem nahenden Kaiser versteckt. Fast 350 Jahre später, am 14. Februar 1892, verschaffte man sich Gewissheit und öffnete das Grab Luthers. Die Schlosskirche ist Luthers letzte Ruhestätte.

Adresse Schlosskirche: Wittenberg, Schlossplatz 1, am Ende der Schlossstraße, Öffnungszeiten: Mo-Sa 10-16 Uhr, So 11.30-16 Uhr, So 10 Uhr Gottesdienst, Nov-Feb am Mo Ruhetag. Eintritt frei. Führung Mo-Sa 10.30 und 13.30 Uhr, So 11.30 und 13.30 Uhr. Preis Erwachsene 4,- Euro, ermäßigt 2,- Euro.

Wittenberg

Mit nur 33 Jahren wurde Lucas Cranach der Ältere, im Jahr 1505, vom sächsischen Kurfürsten Friedrich der Weise an seinen ernestinischen Hof als Maler nach Wittenberg berufen. Bis zu seinem Tod, im Jahr 1553, machte er sich in den fast 50 Jahren einen Namen als großer Künstler seiner Zeit, der auch aktiv in der Reformation gewirkt hatte.

So entwarf er im Residenzschloss von Torgau die Gestaltung des ersten evangelischen Kirchenbaus und legte damit die Grundlage für alle weiteren evangelischen Kirchen.

Wittenberg

Hier war einst die Druckerei Cranachs in der er die Bibelübersetzung von Martin Luther vervielfältigte. Heute befindet sich hier eine Dauerausstellung zu Lucas Cranach d.Ä. Und wer will und Glück hat, kann den Künstlern von heute bei der Arbeit über die Schulter sehen.

Adresse Cranach-Haus am Markt: direkt am Markt gegenüber dem Rathaus, das unübersehbare, orange Gebäude. Öffnungszeiten Ausstellung „Cranachs Welt": April bis Oktober Mo-Sa 10-17 Uhr, So 13-17 Uhr, Nov. bis März Di-Sa 10-17 Uhr, So 13-17 Uhr, Eintritt Erwachsene 5,- Euro, ermäßigt 4,- Euro.

Wittenberg

Als die Druckerei einen größeren Raum in Anspruch nahm und seine Werkstatt erweitert werden musste – und Lucas Cranach auch noch das Apothekenprivileg erhielt, kaufte er sich nur wenige Häuser weiter, am Marktplatz, den damals größten Wittenberger Hof, in der Schlossstraße 1.

Wittenberg

Hier, in der historischen Druckstube, kann man Einblick nehmen in die alte Technik des Buchdrucks. In der Hofwirtschaft können Sie bei geschichtsträchtigem Ambiente eine Kaffeepause einlegen und die Kultur auf sich wirken lassen – in der Luther und Cranach einst Geschichte schrieben.

Adresse Cranach-Haus Schlossstraße: ebenfalls am Markt von Wittenberg, Richtung Schlosskirche auf der linken Seite. Öffnungszeiten „Druckerstube": Mo-Fr 9-12 Uhr und 13-17 Uhr, Sa 10-13 Uhr, So geschlossen, Eintritt frei, Führung halb- und einstündig individuell vor Ort möglich.

Wittenberg

Die Universität von Wittenberg wurde 1502 von Friedrich dem Weisen unter dem Namen Leucorea , was aus dem griechischen kommt und „weißer Berg" bedeutet, gegründet und gilt als wichtigste Lehrstätte der Reformation. Am 18.10.1512 promoviert Martin Luther hier zum Doktor der Theologie. Martin Pollich war Gründungsrektor und Leibarzt des sächsischen Kurfürsten. Mit bereits 416 Studenten wurde der Lehrbetrieb aufgenommen.

1518 folgte Phillip Melanchthon mit nur 21 Jahren als Professor für Griechisch und wird Luthers engster Freund und größter Mitstreiter bei der Reformation.

Wittenberg

Warum sich Friedrich der Weise entschieden hat, im Gegensatz zur damals üblichen Vorgehensweise, die Universität – nicht – in seiner Residenzstadt Torgau, sondern an einem anderen Ort (Wittenberg) auszulagern, ist nicht überliefert. Möglicherweise wollte er Wittenberg damit aufwerten und wirtschaftlich beleben, was durch die Universität und später durch den Druck der Bibel auch gelang. Zumal Wittenberg, wie seine Residenzstadt Torgau, an der Elbe lag und mit einer Entfernung von nur etwa 40 Kilometer Wasserweg für ihn leicht erreichbar schien.

Zwischen 1530 und 1620 war sie die meistbesuchte Universität des Reiches. Heute ist sie wieder ein Uni-Campus, ohne Besucherräume, und kann daher nicht besichtigt werden.

Adresse Alte Universität: Wittenberg, Collegienstraße 62.

Wittenberg

Philipp Melanchthon, der mit bürgerlichem Namen Philipp Schwartzerdt hieß, war neben Luther federführend bei der Umsetzung der Reformation und galt als „Außenminister" der Reformation und „Vater der Ökumene".

Der sächsische Kurfürst Friedrich der Weise holte Melanchthon mit nur 21 Jahren nach Wittenberg, als Universitätsprofessor für die griechische Sprache und Literatur. Schon der niederländische Gelehrte Erasmus von Rotterdam erkannte die Begabungen Melanchthons und schrieb bereits 1516 über den damals erst 19jährigen: „Welcher Scharfsinn …, welche Reinheit der Sprache, welche reife Belesenheit!"

Wittenberg

Um Melanchthon an sich zu binden, lies Friedrich der Weise eigens für ihn das heutige Melanchtonhaus neben der Universität bauen, das die Nachbauten der Wohn- und Arbeitszimmer beinhaltet und mit seinen markanten Giebeln zu den schönsten Renaissancebauten Wittenbergs gehört.

2013 wurde das Wohnhaus durch einen modernen Neubau erweitert, in dem sich weitere Exponate und viele Schriftstücke Melanchthons befinden. Am Eingang erhalten Kinder einen Schlüssel, mit denen sie Truhen und Schränke im ganzen Haus öffnen können. Die Tochter des Hauses „führt durch das Haus". 1560 starb Melanchthon hier, im nachgebauten Sterbezimmer.

Adresse Melanchthon-Haus: Wittenberg, Collegienstraße 60. Öffnungszeiten Dauer-Ausstellung: April bis Oktober Mo- So 10-18 Uhr, Nov. bis März Di-So 10-17 Uhr, Montag Ruhetag, Eintritt Erwachsene 4,- Euro, ermäßigt 2,50 Euro.

Wittenberg

Am Ende der Collegienstraße steht das imposante Lutherhaus. Mehr als 35 Jahre war es das Wohnhaus Luthers. Durchschreitet man das Haupttor, indem auf den Balken seine Ansichten prangen, kann man die Geschichte der Reformation geradezu greifen.

Der weitläufige Innenhof wird von der Statur seiner Frau Katharina geprägt. Fast könnte man meinen, die Schritte Luthers zu hören. 1504 als Augustinerkloster erbaut, lebte Luther hier ab 1508 zunächst als Mönch. Mit der Reformation, die er selber auslöste, wurde das Mönchskloster aufgelöst.

Wittenberg

Heute ist das Lutherhaus das weltweit größte Museum der Reformation, mit unzähligen Original-Ausstellungsstücken und der authentischen Lutherstube, die eine besondere Aura ausstrahlt. Weitere Anziehungspunkte sind die Original-Kanzel aus der nahe gelegenen Stadtkirche, von der Luther predigte und Exponate, die Einblick in das Alltagsleben Luthers mit seiner Familie geben. Im Zentrum der Ausstellung steht die Reformation mit Luthers Bibel und vielen Original-Schriften Luthers. Letztendlich erfährt und staunt man, dass Luther als Universitätsprofessor, in seinem Haus auch Studenten beherbergte und diese eine wichtige Einnahmequelle waren.

Adresse Lutherhaus: Wittenberg, Collegienstraße54, Öffnungszeiten April-Okt Mo-So 9-18 Uhr, Nov-März Di-So 10-17 Uhr, Eintritt Erwachsene 6,- Euro, ermäßigt 4,- Euro.

Wochenend-Tour 6

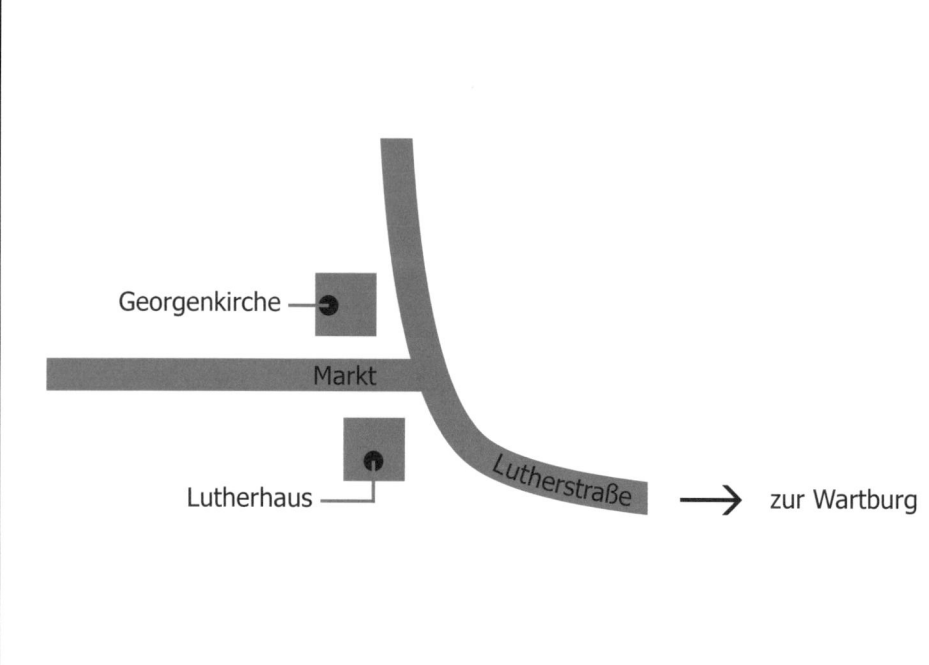

Eisenach Stadtplan

Eisenach liegt in der Mitte der West-Ost-Autobahn zwischen Frankfurt und Dresden, am Fuße des Thüringer Waldes. Hier auf der Wartburg übersetzte Martin Luther, im Jahr 1521, das Neue Testament vom Griechischen ins Deutsche.

Eisenach war auch die Geburtsstadt von Johann Sebastian Bach.

Eisenach

Von 1498 bis 1501 lebte Luther im ehemaligen Haus der Patrizier-Familie Cotta, dem damaligen Bürgermeister Eisenachs. Während seiner Schulzeit in der hiesigen Lateinschule, erhielt der damals 15- bis 18jährige Luther hier Unterkunft und Verpflegung. Im Gegenzug half er, selbst noch Schüler, dem Sohn der Familie bei den Hausaufgaben.

Die wichtigsten und glücklichsten Jahre seiner Jugend verbrachte Luther in Eisenach „seiner lieben Stadt" wie er später sagen wird. Ausgerechnet hier wird er Jahre später, auf der Flucht in seine „Stadt der Jugend" heimkehren und Schutz finden. In nur elf Wochen übersetzte Luther das Neue Testament auf der „Hausburg Eisenachs", der Wartburg – und erlangt damit Weltruhm.

Eisenach

Heute als Lutherhaus genutzt, gehört das ehemalige Haus der Familie Cotta zu den ältesten, noch erhaltenen Fachwerkhäusern in Eisenach. Es beherbergt eine umfangreiche Sammlung an Büchern und Ausstellungsstücken.

Adresse Lutherhaus: Eisenach, Lutherplatz 8, direkt am Markt, Öffnungszeiten April bis Okt Mo-So 10-17 Uhr, Nov bis März Di-So 10-17 Uhr. Eintritt Erwachsene 6,- Euro, ermäßigt 4,- Euro, Familienkarte (2 Erw. + eigene Kinder/Enkel) 12,- Euro.

Eisenach

Luther war nicht der erste Übersetzer der Bibel. Aber er war der erste, der sich auf den hebräischen und griechischen Urtext bezog. Bis dahin wurden nur die lateinischen Übersetzungen ins Deutsche übersetzt. Im Lutherhaus wird die Bibel aus vielen Sichtweisen verdeutlicht. Bis hin zu drei markanten Büchertürmen, die zeigen, wie viele Bücher Luther einst unter das Volk brachte und was der Gegenwert damals für eine Bibel war.

Eisenach

Hier in der Georgenkirche stand bereits 1498 der Lateinschüler Luther als 15jähriger Kurrendesänger. Jahre später, nach dem Thesenanschlag von Wittenberg, kam er erneut hierher und veränderte das geistliche Leben in Eisenach nachhaltig. So predigte er an gleicher Stelle, inzwischen weltbekannt, und verkündete darin seine Reformation in Eisenach. Wie auch auf seinem legendären Weg nach Worms im Jahre 1521.

Nur einen Tag vor seiner „Entführung" predigte Martin Luther hier, auf seinem Heimweg von Worms, am 2. Mai 1521. Am 4. Mai wurde er offiziell von seinem Beschützer, dem sächsischen Kurfürsten Friedrich der Weise, als entführt erklärt und war doch nur wenige hundert Meter entfernt, auf dessen Wartburg.

Eisenach

1685 wurde der wohl bekannteste Eisenacher hier getauft: Johann Sebastian Bach. Wie Luther fast 200 Jahren vor ihm, so war auch Bach Schüler der hiesigen Lateinschule und dürfte wohl auch hier gesungen und damit seine Inspirationen erhalten haben. Zumal in jener Zeit sein Großcousin Organist in der Georgenkirche war.

Adresse Georgenkirche: Eisenach, Marktgasse, direkt auf dem Markt, unweit des Lutherhauses. Öffnungszeiten April-Okt 10-12.30 Uhr und 14-17 Uhr, Nov bis März 10-12 Uhr und 14-16 Uhr. Eintritt frei.

Wartburg

Etwa 1067 erbaut, waren über 80.000 Ochsen-Karren voller Steine nötig, um die Wartburg auf ihrem steilen Hausberg zu errichten.

Nachdem Luther am 18. April 1521 in Worms seine Ansichten vertrat und eben nicht widerrief wie es der deutsche Kaiser Karl V. verlangte, verließ er Worms am 26. April. Was sich in der Zwischenzeit ereignete, ist nicht abschließend bekannt. Auch, warum er sich noch über eine Woche in Worms aufhielt.

Nach dem Eklat in Worms, ließ ihn sein Unterstützer und Beschützer Friedrich der Weise, der Kurfürst von Sachsen, offiziell am 2. Mai 1521, für entführt erklären, um ihn vor Papst und Kaiser zu schützen. Über die Monate wusste „niemand", wo sich Martin Luther aufhielt. Viele erklärten ihn deshalb auch für Tod durch Mord oder Selbstmord.

Wartburg

Tatsächlich wurde er von Friedrich dem Weisen auf seine ernestinische Wartburg bei Eisenach gebracht. Hier sollte er nun auf Bitten Friedrich des Weisen, auch das Neue Testament übersetzen. Der tiefgläubige Friedrich der Weise wollte wissen, ob das, was der Papst in Frage stellte, nicht vielleicht doch im Neuen Testament so stand.

In nur elf Wochen übersetzte er hier das NEUE Testament vom Griechischen ins Deutsche. Ein neuer Bestseller war geboren.

Adresse Wartburg: Eisenach, Auf der Wartburg 1, gebührenpflichtiger Parkplatz, stark frequentiert, Öffnungszeiten: April-Okt 8.30-17 Uhr, Schließung 20 Uhr, Nov bis März 9-15.30 Uhr, Schließung 17 Uhr. Eintritt Erwachsene/Senioren 9, Euro, ermäßigt 7,- / Schüler, Studenten 5,- Euro.

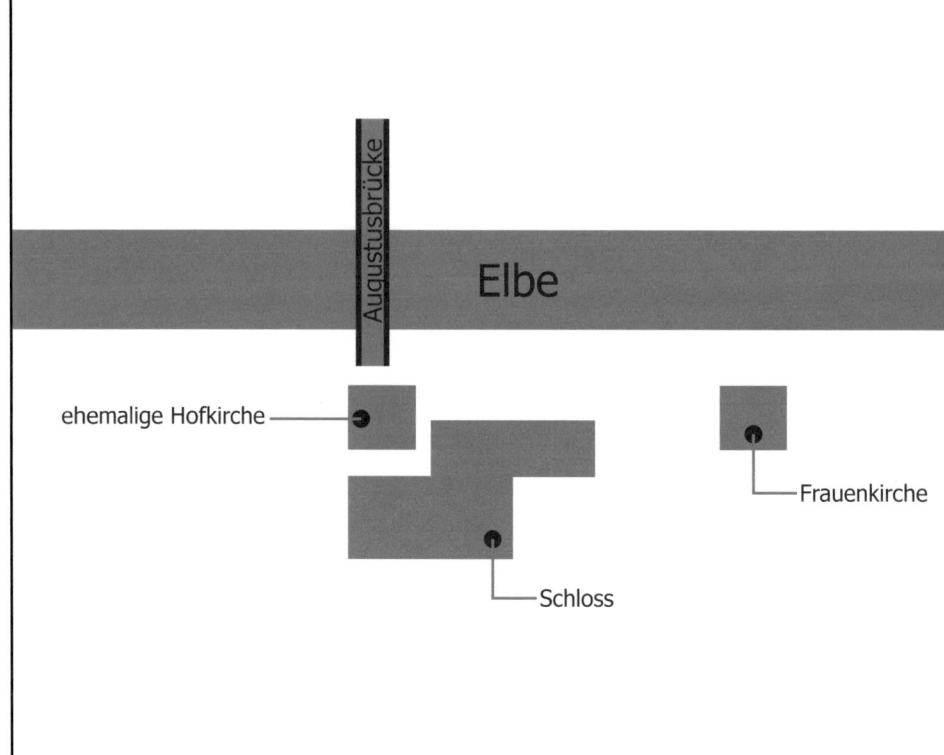

Dresden Stadtplan

Hier in der Landeshauptstadt Sachsens steht die wohl bekannteste evangelische Kirche der Welt - die Frauenkirche. Das weithin sichtbare Wahrzeichen Dresdens.

Nur etwa 20 Kilometer elbabwärts liegt Meißen. Die Wiege unserer heute gesprochenen Sprache – dem Meißner Kanzleideutsch. Luther bediente sich der Sprache seines kürfürstlichen Beschützers Friedrich der Weise, die hier bei den Wettinern ihren Anfang hatte.

Dresden

Seit fast 300 Jahren prägen die evangelische Frauenkirche und die katholische, ehemalige Hofkirche das Stadtbild von Dresden. Nahezu zeitgleich entstand sowohl die evangelische Frauenkirche, Fertigstellung im Jahr 1743, als auch die katholische Hofkirche, Fertigstellung im Jahr 1755. Beide Kirchen wurde auf Geheiß August des Starken gebaut – und keine der beiden Kirchen sollte er im Fertigbau erleben.

Da Meißen bereits die Residenzstadt der Wettiner war, spielte Dresden zu Luthers Zeiten keine Rolle und hatte nur etwa 5.000 Einwohner. Der Aufbau Dresdens zur prunkvollen, barocken Residenzstadt begann erst mit dem sogenannten Augusteischem Zeitalter, das der berühmteste augustinische Wettiner, August der Starke, einläutete. Erst mit ihm erfuhr Dresden seinen wirtschaftlichen und kulturellen Aufschwung. Als August der Starke mit 63 Jahren, im Jahr 1733 starb, zählte Dresden bereits 50.000 Einwohner, mehr als doppelt so viele wie zu seiner Amtseinführung im Jahr 1694.

Dresden

Die Dresdner Frauenkirche ist wohl die bekannteste lutherische Kirche der Welt und das Wahrzeichen Dresdens. Wer in die Frauenkirche eintritt, hebt unweigerlich seinen Kopf hoch zur größten freitragenden Steinkuppel nördlich der Alpen. Und der Kuppelaufstieg lohnt die Mühe, wenn auch 67 Höhenmeter zu überwinden sind. Aber die Aussicht, die sich über das historische Dresden bietet, ist wahrhaft majestätisch und lohnend.

Adresse Frauenkirche: Dresden, Neumarkt, Öffnungszeiten Kuppelaufstieg: März-Juni und Sep-Okt: Mo-Sa 10-16 Uhr und So 12.30-16 Uhr. Juli-August: Mo-Do 10-18 Uhr, Fr-Sa 10-19 Uhr und So 12.30-18 Uhr. Nov-Feb: Mo-Sa 10-16 Uhr und So 12.30-16 Uhr. Preise: Erwachsene 8,- Euro, Ermäßigt 5,- Euro, Familien 20,- Euro, Dresden Cards 6,- Euro. Verschiedene Führungen finden gegen Gebühr statt. Eintritt Frauenkirche ohne Führung, kostenfrei.

Dresden

Für August dem Starken wurde der Bau der katholischen Hofkirche im protestantischen Dresden notwendig, weil er seit 1697 auch König des katholischen Polens war. Da seit dem Augsburger Religionsfrieden aus dem Jahr 1555 jedoch galt „wessen Land, dessen Religion" und damit sein Volk auch den Glauben hätte wechseln müssen, ersann sich August der Starke ein bis dahin einzigartiges Gesetz, in dem er seinem Volk garantierte, das es seinen evangelischen Glauben behalten konnte und nicht in den katholischen Glauben überwechseln muss. Dresden blieb evangelisch und August der Starke wandelte seinerzeit leichtfüßig durch die Religionen: War er in Sachsen als Kurfürst unterwegs, so war er protestantisch und wenn er in Polen diesmal als König weilte, nun, dann war er eben katholisch – so einfach geht das! Heute findet man hier in der Gruft der Hofkirche das Herz August des Starken.

Adresse: Dresden, Schlossstraße 24, Öffnungszeiten: Mo-Di 9-18 Uhr, Mi-Do 9-17 Uhr, Fr 13-17 Uhr, Sa 10-17 Uhr, So 12-16 Uhr. Eintritt frei. Führungen mit Gruft: Januar bis März und November Fr – So 13 Uhr, April-Okt und Dezember (zur Striezelmarkt-Zeit) Mo-Do 14 Uhr, Fr-So 13 Uhr, Preis: Erwachsene 5,- Euro, Kinder frei.

Meißen

Die Albrechtsburg, das älteste Schloss Deutschlands, thront unübersehbar auf dem Burgberg von Meißen. Noch während seines Baus teilten sich die Wettiner Brüder Ernst, Vater von Friedrich dem Weisen, und Albrecht, in die ernestinische und die albertinische Linie auf. Während die ernestinische Linie nach der Leipziger Teilung, im Jahr 1485, ihre Residenz in Torgau aufbaute, blieben die Wettiner der augustinischen Linie hier in der Albrechtsburg von Meißen. Mit August dem Starken, von der albertinischen Linie, wurde Dresden als Residenzstadt endgültig aufgebaut und die Albrechtsburg wurde 1710 in geheimer Mission, für über 150 Jahre, Herstellungsort des berühmten Meißner Porzellans. Vereint finden Sie die ernestinischen und die albertinischen Wettiner wieder, seit 1907, auf dem Fürstenzug in Dresden zwischen Frauenkirche und Hofkirche. Auf dem längsten Wandbild der Welt - aus original Meißner Porzellan. Auch Friedrich der Weise und seine Brüder Johann der Beständige und Johann Friedrich der Großmütige wurden hier abgebildet.

Adresse Albrechtsburg: Meißen, Domplatz 1, Öffnungszeiten: März – Okt Mo-So 10-18 Uhr, Nov – Feb Mo-So 10-17 Uhr. Eintritt: Erwachsene 8,- Euro, ermäßigt 4,- Euro.

Meißen

Die Wettiner sind mit ihrer mehr als tausendjährigen Geschichte eines der ältesten deutschen Adelsgeschlechter und des europäischen Hochadels. Bereits unter König Heinrich I. wurde die damalige Reichsburg Meißen 929 gegründet und war bis zur Leipziger Teilung, im Jahre 1485, die Stammburg der Wettiner. Die Kurwürde erhielten die Wettiner durch den Wettiner Friedrich IV., im 15. Jahrhundert vom deutschen König Sigismund, als Dankbarkeit für die Unterstützung gegen die Hussiten. Jene Hussiten, die der Vorläufer der lutherischen Bewegung waren. Etwa 100 Jahre später sollten die ernestinischen Wettiner selbst Anführer der von den Hussiten angeprangerten Änderungen sein. So haben die ernestinischen Wettiner, mit der Unterstützung der Reformation, weltweit nicht nur die Kirche verändert, sondern auch Deutschland nachhaltig geprägt. Ihr Meißner Kanzleideutsch, das Luther für seine Bibelübersetzung verwendete, und heute als einheitliche, deutsche Sprache verankert ist, bleibt ihr unauslöschbares Erbe.

Und so ist die Geschichte Luthers auch untrennbar mit der Geschichte der drei bedeutendsten ernestinischen Wettiner Brüder, angefangen bei Friedrich der Weise, verbunden.

Impressum

Bedanken möchte ich mich an dieser Stelle für die Unterstützung, Informationen und Fotogenehmigungen bei: Stiftung Luthergedenkstätten in Sachsen-Anhalt, Lutherstadt Wittenberg, der Evangelischen (Ev.) Kirche in Mitteldeutschland, Lutherstätte Ev. Augustinerkloster zu Erfurt, Kurator C. Fromm, Ev. Kirchengemeinde St. Andreas-Nicolai-Petri, Eisleben, Wartburg-Stiftung-Eisenach, J. Krauß, Bistum Erfurt, Bischöfliches Ordinariat, bzgl. kath. Dom St. Marien Erfurt, Weihbischof Dr. R. Hauke, Stiftung Lutherhaus Eisenach, Dr. J Birkenmeier, Ev. Kirchenkreis Eisenach-Gerstungen, Ev. Stadtmission und Gemeindedienst Erfurt gGmbH bzgl. Michaeliskirche Erfurt, Ev. Kirchengemeinde Torgau, Ev. Jugendbildungsprojekt Wintergrüne, Torgau-Informations-Center/der Torgauer Tourismus und Bäder GmbH, sowie Katharina, Steffen und Dr. Ing. Gerhard Hinzmann. All jenen und die ich nicht aufgezählt habe, aber zum Gelingen des Reiseführers beigetragen haben, herzlichen Dank!

Haftungsausschluss:
Trotz sorgfältiger Aufbereitung kann es zu Irrtümern kommen. Es wird daher keinerlei Gewähr für die Aktualität, Korrektheit, Vollständigkeit oder Qualität der bereitgestellten Informationen übernommen. Haftungsansprüche, welche sich auf materieller oder ideeller Art beziehen, die durch die Nutzung oder Nichtnutzung der Informationen bzw. durch die Nutzung fehlerhafter und unvollständiger Informationen verursacht wurden, sind grundsätzlich ausgeschlossen.

Bibliografische Information der Deutschen Nationalbibliothek: Die Deutsche Nationalbibliothek verzeichnet diese Publikation in der Deutschen Nationalbibliografie; detaillierte bibliografische Daten sind im Internet über http://dnb.dnb.de abrufbar.

© 2017 Martina Hinzmann
Konzept-, Text-, Fotorechte: Martina Hinzmann, weitere Fotos, jeweils mit freundlicher Genehmigung von: Torgau-Informations-Center, A. Bauermeister (Torgau, Nikolaikirche); Heimatverein Mansfeld-Lutherstadt e.V. (Luther Statur Kind, Schloss Mansfeld); Regio Augsburg Tourismus GmbH (Fuggerpalast, Fronhof, Rathaus); Foto Seite 4 Luther aus Elternhaus Mansfeld, Foto Seite 5 Junker Jörg & Foto Seite 53 Hans Luther aus Museum Elternhaus Mansfeld, Foto Seite 40 Eltern Luthers aus Geburtshaus Eisleben, jeweils mit freundlicher Genehmigung der Stiftung Luthergedenkstätten in Sachsen-Anhalt, Lutherstadt Wittenberg, jeweils Autoren-Fotomaterial; fotobeam.de (Rom, Lateranbasilika, fotolia.com, Nr. 15893603); Pablo Debat (Rom, Scala santa, fotolia.com, Nr. 46656100); Nick Marin (Schloss Mansfeld, fotolia.com, Nr. 109293195).

Urheberrecht
Das Copyright liegt beim Autor. Eine Vervielfältigung oder Verwendung, ganz oder teilweise, ist ohne schriftliche Zustimmung des Autors nicht gestattet.

Herstellung und Verlag: BoD – Books on Demand, Norderstedt

ISBN: 978-3-743-11715-0

Auch als eBook erhältlich.